この本の使い方〈基本〉

① 指さしながら発音する

話したい単語を話し相手に見せながら発音します。相手は文字と音で確認するので確実に通じます。

② 言葉を組み合わせる

2つの言葉を順番に指さしながら発音することで、文章を作ることができます。わかりやすいようにゆっくり指さしましょう。

③ 発音は大きな声で

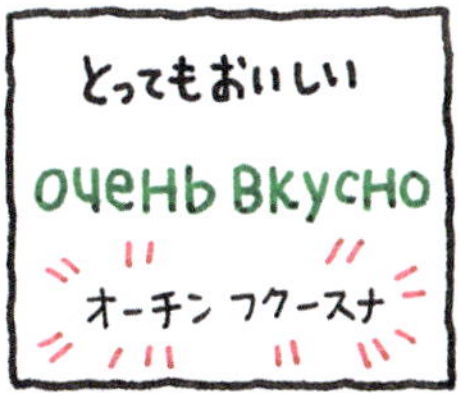

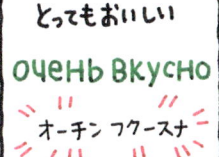

発音せずに指さすだけでも通じるのは確かですが「話したい」という姿勢を見せるためにも発音することは重要です。だんだん正しい発音に近づきます。

④ 相手にも指さしてもらう

話し相手にはロシア語を指さしながら話してもらいます。あなたは日本語を読んで、その言葉の意味がわかります。

◎6ページの「親愛なる友よ！」を読んでもらえば、この本の考え方が伝わり、より会話はスムーズになります。

⑤ 自然と言葉を覚えられる

指さし…れをくり返…ます。ロ…ら77ペー…語集がフ…

旅の指さし会話帳

㉖

ロシア

山岡 新・著

目次

親愛なる友よ！
⑥

第1部
「旅の指さし会話帳」本編
⑦

```
 ┌─ ページのテーマ
 │
 └─ 空港→宿
    ├─「両替所はどこですか？」
    │ 「このホテルに行きたい」⑧
    │                    │
 そのページで        ページ番号
 話せる内容の例
```

第2部
ロシアで
楽しく会話するために
⑦⑦

第3部
日本語→ロシア語
単語集
㊱

第4部
ロシア語→日本語
単語集
⑪⑪

あとがき
⑫⑤

空港→宿	街を歩く
「両替所はどこですか？」「このホテルに行きたい」⑧	「劇場に行きたいです」「左に曲がる」⑩
あいさつ	呼びかけ
「こんにちは」「ありがとう」「健康に乾杯！」⑭	「手伝ってくれませんか」「もしもし」⑯
ロシア	モスクワ
バイカル湖、ウラル山脈　時間帯表示 ⑳	赤の広場、ボリショイ劇場　イズマイロフ公園 ㉒
時間	月日と年月
「10時24分です」「10分くらい待っていてください」㉚	「いつここへ来ましたか」「5週間」「明後日」㉜
数字とお金	買い物
「50ドルをルーブリに換えてください」㊱	「マトリョーシカはどこに売っていますか」㊳
家庭の食事	カフェ・レストラン
「なんて腹ぺこなんだ」「ご馳走になりました」㊹	「何がおすすめですか」「キノコのマリネ」㊻
音楽・バレエ	演劇
「どんな音楽が好きですか」「ノーチラス・ポンピリウス」㊿	「どんな席が残っていますか」「席を2枚ください」㊼
家・住宅	家族・人間関係
「セントラル・ヒーティング」「キッチンルーム」㊽	「あなたには兄弟がいますか？」「私は既婚者です」㊽
体と病気	トラブル
「熱がある」「風邪をひいた」「医者を呼んでください」㊽	「水が出ない」「鍵をなくした」「警察を呼んで」⑦⓪
疑問詞・動詞	形容詞・副詞
「何」「誰」「いつ」「私は〜したい」⑦②	「かわいい」「あたたかい」「簡単」「興味深い」⑦④

話し相手用「ロシア語目次」→⑫⑧ページ

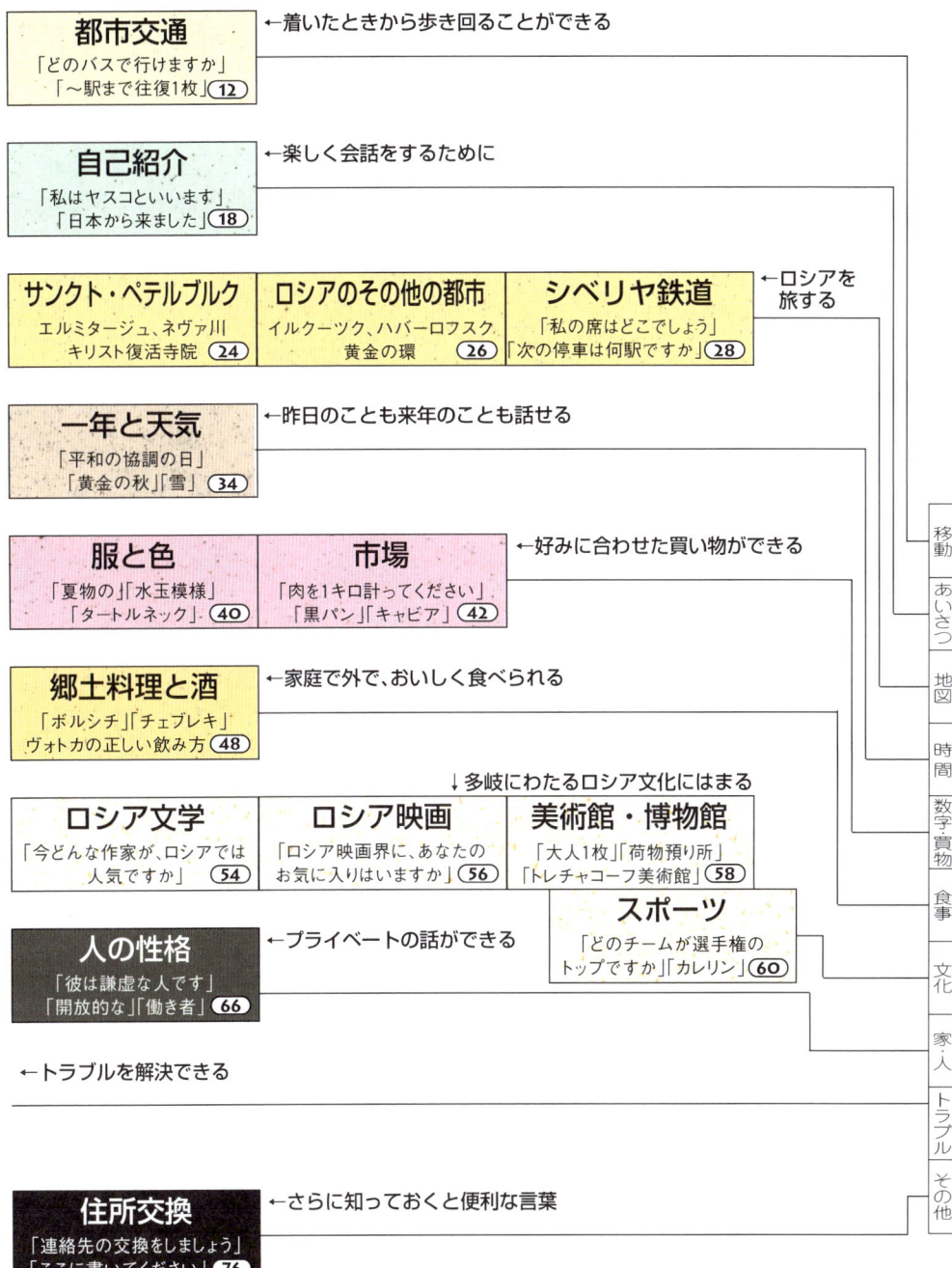

この本のしくみ

第1部：指さして使う部分です

7ページから始まる第1部「本編」は、会話の状況別に、35に分けられています。指さして使うのは、この部分です。

イラストは実際の会話中に威力を発揮します

あわてている場面でもすぐに言葉が目に入る、会話の相手に興味を持ってもらう、この2つの目的でイラストは入れてあります。使い始めるとその効果がわかります。

インデックスでページを探す

前ページにある目次は、各見開きの右側にあるインデックスと対応しています。状況に応じて目次を開き、必要なページをインデックスから探してください。

恥ずかしがらずに発音してみる

一般的なロシア人の発音にできるだけ忠実に、"日本人が発音したときにできるかぎり近い音になること"を念頭に、読みがなをつけてあります。大きな声で発音してみてください。

第2部：さらに楽しく会話するために

ロシア語の基本知識、対人関係のノリなど、コミュニケーションをさらに深めるためのページです。とくに文法をある程度理解すると、会話の幅は飛躍的に広がります。

第3部、第4部：頼りになる日露、露日の単語集

言葉がさらに必要になったら、巻末の単語集を見てください。辞書形式で「日本語→ロシア語」「ロシア語→日本語」合わせて2500以上をフォローしています。

裏表紙は、水性ペンを使うと、何度でもメモ書きに使えます。

折り曲げて持ち歩きやすいように、本書は特別な紙を選んで使っています。

この本の使い方〈そのコツ〉

　このシリーズは、語学の苦手な人でもぶっつけ本番で会話が楽しめるように、ありとあらゆる工夫をしています。実際に使った方からは「本当に役に立った」というハガキをたくさんいただきます。友達ができた方、食事に招かれた方、旅行中に基本的な言葉を覚えた方……、そんな方がたくさんいます。

　その土地の言葉で話そうとする人は歓迎されるもの。そして会話がはずめば、次々とおもしろい体験が押し寄せてきます。現地の人しか知らない「とっておきのおいしい店」や「最近流行っているスポット」を教えてもらったり、その時でしか見られない催しに連れていってもらったり……。こういった体験は、おきまりの場所をたどる旅行より数十倍、数百倍おもしろいものです。

　では、どうやると本書をそんなふうに使えるのか、そのコツをいくつか紹介します。

第1のコツ→面白い本だとわかってもらう

　本書は、実際の会話の場面で話し相手に興味を持ってもらうための工夫をいたるところにしています。

　言葉の一つ一つは、あなたが使うためはもちろん、ロシア人に"ウケる"ことも考えて選んでいますし、イラストも興味を少しでもひくために盛り込んでいます。

　28ページの「シベリヤ鉄道」、52ページの「演劇」なども、実用的な意味と同時に、ロシアの人に「こんなことも載っているのか！ ロシアのことを知りたいんだな～」と感じてもらう意味があります。相手に合わせて興味を持ってくれそうなページをすかさず見せることは重要なポイントです。

第2のコツ→おおまかに全体を頭に入れておく

　どのページにどんな表現が載っているかを把握しておくと、スムーズにいろんな言葉を使えます。目次を見ながら、興味のあるページを眺めておきましょう。

第3のコツ→少ない単語を駆使する

　外国語というと、たくさん言葉を覚えないと、と思っていませんか？　でも少ない言葉でも、いろんなことが話せるのです。

　たとえば、あなたが日本で外国人に尋ねられた状況を考えてみてください。「シンカンセン、シンカンセン、ヒロシマ」と言われたら"この人は新幹線で広島に行きたいらしい"ということは、充分にわかるものです。また、その人が腕時計を何度も指さしていたら"急いでいるんだな"ともわかるでしょう。

　「大きい」「小さい」「好き」「歩く」「どうしたの？」などの言葉も、さまざまな状況でさまざまな形で使えます。

　本書ではそういった使い回しのきく言葉や表現を優先的に拾っていますので、早い人なら1週間で簡単な会話のやりとりはこなせるようになります。

第4のコツ→得意な言葉を作る

　本書を使っていると、人によってよく使うページは分かれます。年齢に話題をふりたがる人、その土地の文化を話したがる人、家族のことをもちだす人……。

　好きな言葉、よく使う言葉ほどすぐに覚えられるもの。

　そんな言葉ができたら、発音をくり返して、話すだけでも通じるようにひそかに練習しましょう。

　片言でも自分の言葉にして、話して通じることは、本当に楽しい経験になり、また会話の大きなきっかけとなります。

Дорогой Друг!

Меня зовут Арата. Автор этого разговорника.

Мне очень надоел вопрос:"А правда,что в России всё время холодно и нечего есть?".
В своём этом разговорнике я попытался разрушить такой стандартный стереотип.(т.е.неправильное представление)
Прошу и тебе помочь мне в этом.

Попробуй представить себя на месте японца,приехавшего в Россию и совсем не знающего русского языка. Пожалуйста,войди в его положение и помоги ему увидеть и узнать твою страну с её лучшей стороны.

Удачи и счастья Вам всем!!!
С уважением.

автор   Арата Ямаока

親愛なる友よ！
（注：超直訳です。）

　私はこの会話帳の著者のアラタです。

　私は「ロシアっていっつも寒くて食べるものも苦労するんでしょ？」などという質問にもう、辟易しています。自分の手によるこの会話帳で、そんなよくあるステレオタイプ（つまり誤った知識）を壊そうと試みました。どうぞ力を貸してください。

　ロシア語もまったく知らずにロシアへ来た日本人の立場で自分を想像してみてください。どうか、そのひとの置かれた状況に入ってロシアの良い面に触れることができるように、力になってあげてください。

御成功と御幸運を祈ります！
敬意をもって。

　　　　　　　　　　　　　　　　　　　　　　　　　　　　　筆者　山岡　新

第1部

「旅の指さし会話帳」本編

Разговорник русского языка
для японских туристов

空港→宿 Из аэропорта в отель
イズ アエラポールタ ヴ アテーリ

※1 ～はどこか教えてくれませんか？
Скажите, пожалуйста, где ~ ?
スカジィーチェ パジャールゥスタ グヂェー

入国審査
паспортный контроль
パースパルトゥィ カントローリ

税関
таможня
タモージニャ

ヴィザ
виза
ヴィーザ

国内線	国際線	乗り継ぎ	パスポート
внутренний рейс	**международный рейс**	**пересадка**	**паспорт**
ヴヌートレンニィー・レイス	メージドゥナロードヌィ・レイス	ペレサートゥカ	パースパルトゥ

 私の荷物がででできません ※2
Мой багаж не вышел.
モイ バガーシ ニ ヴィシェル

両替所
обменный пункт
アブメンヌィ・プンクトゥ

両替
обмен валюты
アブミェン・ヴァリュートゥイ

トイレ	電話	入口	出口
туалет  トゥアリェートゥ	**телефон** チリフォーン	**вход**  フホートゥ	**выход** ヴィハトゥ
男 M ムシスコーイ 女 ※ ジェーンスキイ 		**выхода нет** ヴィハダ ニェットゥ	**входа нет** フホーダ ニェットゥ

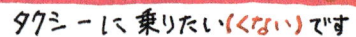

タクシーに乗りたい(くない)です
Мне (не) нужно такси.
ムニェ (ニ) ヌージナ タクスィー

バス	タクシー
автобус	**такси**
アフトーブス	タクスィー

memo.（値段・行き先など）

※1 Скажите, пожалуйста～は基本表現で、「～を教えてください」の意。ものを尋ねるときには、前にこれをつけます。
※2 荷物引き換え券をなくさずに！

〜に 行きたいんですが
Я хочу поехать 〜.
ヤー ハチュウ パィエーハチ

地下鉄駅へ
до станции метро
ダ スターンツィー メトロー

町の中心へ
в центр города
フ ツェーントゥル ゴーラダ

このホテルへ（ホテル名など書いたものを見せながら）
в эту гостиницу
ヴェートゥー ガスチィーニッツゥ
=
в этот отель
ヴェータットゥ アテーリ

（事前交渉）いくらになりますか？※
Сколько рублей?
スコリカ ルゥブリェーイ

○ ルーブリです
○ рублей.
ルゥブリェーイ

オーケー、行きましょう！
ОК, поехали!
オゥケェイ パィエーハリィ

ダメ、それは高いよ
Нет, это дорого!
ニェーットゥ エータ ドーラガ

部屋を1泊かりたいのですが
Я хочу снять номер на сутки.
ヤー ハチュウ スニャーチ ノーミル ナ スゥートゥキィー

1人1泊いくらですか？
Сколько стоит одноместный номер за сутки?
スコリカ ストーイトゥ アドゥナミェースヌィ ノーミル ザ スゥートゥキィー

（お湯）水
(горячая) вода
（ガリャーチャヤ） ヴァダー

2人分
на двоих
ナ ドゥヴァイーフ

3人分
на троих
ナ トゥライーフ

うちではお湯は夜6時から10時までしか出ません
Горячая вода у нас только с 6 до 10 вечера.
ガリャーチャヤ ヴァダー ウ ナース トーリカ スシスチー ダヂシチー ヴェーチラ

シーツ
простыня
プラストゥィニャー

タオル
полотенце
パラテンツェ

ふとん
одеяло
アヂヤーラ

かぎ
ключ
クリューチ

かぎあな
замок
ザモーク

トイレットペーパー
туалетная бумага
トゥアリェートゥナヤ ブゥマーガ

空港→宿
移動
あいさつ
地図
時間
数字・買物
食事
文化
家・人
トラブル
その他

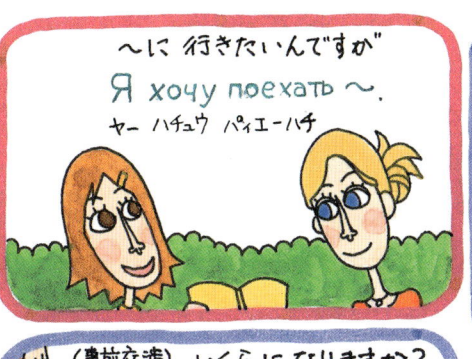

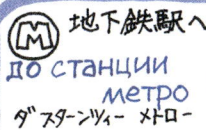

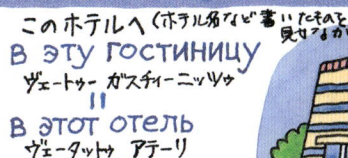

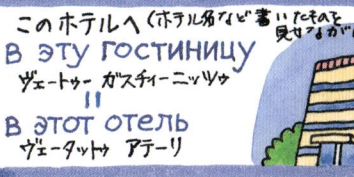

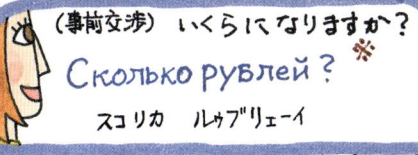

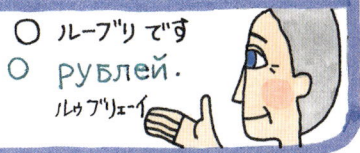

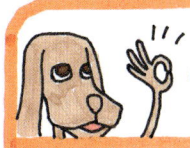

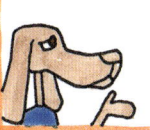

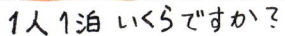

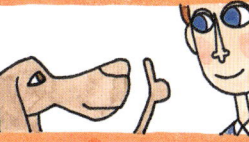

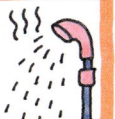

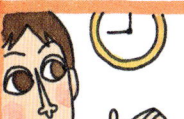

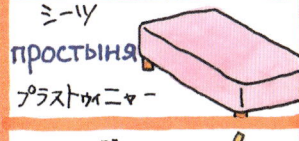

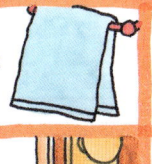

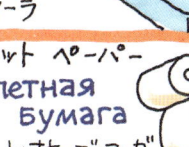

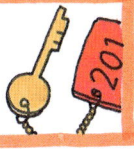

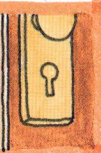

※ドル建てだとボラれることもあるので、ルーブリできちんと確かめるほうがいいかもしれません。

街を歩く Прогулка по городу
プラグールカ パ ゴーラドゥー

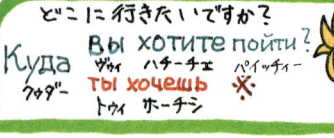
どこに行きたいですか？
Куда Вы хотите пойти?
クゥダー ヴゥィ ハチーチェ パイッチー
ты хочешь
トゥィ ホーチシ

~に行きたいです
Я хочу пойти ~.
ヤー ハチュウ パイッチー

どう行けばいいでしょう？
Как туда пройти？（徒歩）
カーク トゥダー プライチー

Как туда доехать？（乗り物で）
カーク トゥダー ダイエーハチ

徒歩で
пешком
ピシコーム

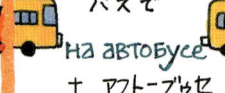
バスで
на автобусе
ナ アフトーブセ

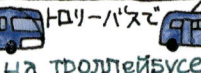
トロリーバスで
на троллейбусе
ナ トゥラリェーイブセ

トラムで
на трамвае
ナ トゥラムヴァーエ

移動
Прогулка по городу

カフェへ
В кафе
フ カフェー

レストランへ
В ресторан
ヴ レスタラーン

公園へ
В парк
フ パールク

地下鉄駅へ
На станцию метро
ナ スターンツィユ ミトロー

デパートへ
В универмаг
ヴ ウニヴェルマーク

本屋へ
В книжный магазин
フ クニージヌィ マガズィーン

市場へ
На рынок
ナ ルィナク

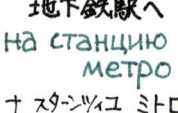
郵便局へ
На почту
ナ ポーチトゥー

博物館・美術館へ
В музей
ヴ ムゼーイ

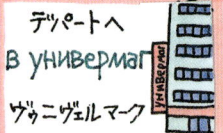
劇場へ
В театр
フ チアートゥル

映画館へ
В кино
フ キノー

コンサートへ
На концерт
ナ カンツェールトゥ

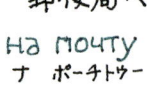
銀行へ
В банк
ヴ バーンク

インターネットカフェへ
В интернет кафе
ヴ インタルニェットゥ カフェー

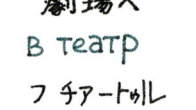
薬局へ
В аптеку
ヴ アプチェークー

待ち合わせ場所へ
До места встречи
ダ ミェースタ フストゥレーチィ

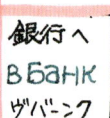 Банк

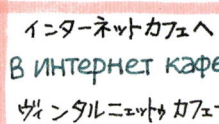

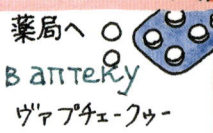

мемо

~へ
на~
ナ

北
север
セーヴェル

西
запад
ザーパトゥ

東
восток
ヴァストーク

南
юг
ユーク

※ 目上やあまり近しくない人および複数の相手に対してはВы「あなた／あなた方」、親しい人もしくは目下の人に対してはТы「君」を使います。

今私がどこにいうのか教えてください。
Скажите, пожалуйста, где я сейчас нахожусь?
スカジィーチェ パジャールゥスタ グヂェーヤー スィチャース ナハジュース

街を歩く

道
улица
ウーリッツァ

道路
дорога
ダローガ

車
машина
マシィーナ
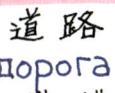

横断歩道
переход
ピリホートゥ

歩行者
пешеход
ピシホートゥ

橋
мост
モストゥ

交通警察
ГИБДД (=ГАИ)
ギベデェデェ （ガイー）

道を渡る
перейти дорогу
ピリイチィー ダローグゥー

車に注意
берегись автомобиля
ビリギィースィ アフタマビーリャ

交差点
перекрёсток
ピリクリョースタク

まっすぐ прямо
プリャーマ

信号
светофор
スヴィタフォール

左へ
налево
ナリェーヴァ

右へ
направо
ナプラーヴァ

交通警察官 ※
инспектор ГИБДД (гаишник)
インスペークタル ギベデェデェ （ガイーシニク）

警察官
милиционер
ミリツィアニェール

まっすぐ行って
идти прямо
イッチー プリャーマ

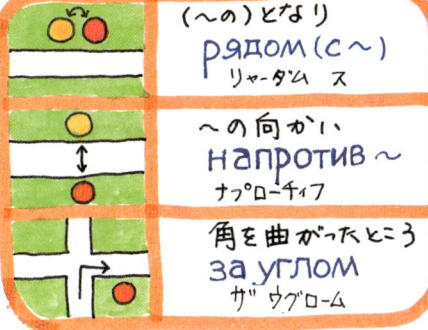

（〜の）となり
рядом (с〜)
リャーダム ス

〜の向かい
напротив 〜
ナプローチフ

角を曲がったところ
за углом
ザ ウグローム

次の信号で
у следующего светофора
ウ スレードゥユシェヴァ スヴィタフォーラ

左に曲がる
повернуть налево
パヴィルヌーチ ナリェーヴァ

※гаишникとは、交通警察の旧称・ГАИからつくられた俗称で、会話ではよく使われますが、直接交通警察官に対して使うのは危険です。ちなみに警察官の俗称はменты（複：ментыи）、パトカーはментовка（メントーフカ）です。

都市交通 Городские транспорты
ガラツキーエ トゥラーンスパルトゥィ

乗車賃 支払い
Оплата проезда
アプラータ プラィエーズダ

乗車賃 は いくらですか？
Сколько проезд стоит ?
スコリカ プラィエーストゥ ストーィトゥ

		ルーブリ		カペイカ
1	ОДИН アヂーン	РУБЛЬ ルーブリ	50	ПЯТЬДЕСЯТ КОПЕЕК ピッヂッシャト カペーエク
2	ДВА ドゥヴァ			
3	ТРИ トゥリィ	РУБЛЯ ルブリャー		
4	ЧЕТЫРЕ チィトゥィリィ			
5	ПЯТЬ ピャーチ	РУБЛЕЙ ルブリェーィ		

→ 片道 →
только туда
トーリカ トゥダー

← 往復 →
туда и обратно
トゥダー イ アブラートゥナ

 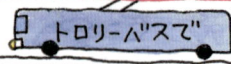 

На автобусе — バスで
ナ アフトーブセ

На троллейбусе — トロリーバスで
ナ トゥラリェイブセ

На трамвае — トラムで
ナ トゥラムヴァーィエ

このトロリーバスは大学まで行きますか？
Этот троллейбус дойдёт до Университета ?
エータットゥ トゥラリェイブス ダィヂョットゥ ダ ウニヴィルスィチェータ

ヴェーデンハーまではどのバスで行けますか？
На каком автобусе можно доехать до ВДНХ ?
ナ カコーム アフトーブセ モージナ ダエーハチ ダ ヴェーデンハー

これは何番のバスですか？
Это какой автобус ?
エータ カコーィ アフトーヴュス

5番だよ。
Пятёрка
ピチョールカ

ここ 空いてますか？ (指さしながら)
Здесь свободно ?
ズヂェース スヴァボードゥナ

はい **Да.** ダー

いいえ **Нет** ニェットゥ

運転手	車掌	乗客
Водитель ヴァヂーチェリ	**Кондуктор** カンドゥークタル	**Пассажир** パッサジィール

切符	切符穴あけ機 ※	罰金
Билет ビリィエトゥ	**Компостер** カムポースチル	**Штраф** シトゥラーフ

停留所	バスターミナル	障害者 優先席
Остановка アスタノーフカ	**Автовокзал** アフタヴァグザール	**Места для инвалидов** ミスター ドゥリャ インヴァリーダフ

※ 街によって違うこともありますが、バスではふつう車掌から切符を買います。トロリーバスやトラムでは車掌から切符を買い、乗車する時に車内の穴あけ機を使って自分で穴をあけます。切符を持っていても穴がないと、罰金を取られることがあります。

都市交通

地下鉄で	乗り換え	～回分
на метро ナ ミトロー	пересадка ピリサートゥカ	5 ピャーチ
～線	乗車カード(メトロカード)	на 10 поездок ナ ヂューシチ パィエーズダク
～ линия リィーニヤ	карточка カールタチカ	20 ドゥヴァッツァチ

環状線	(環状線以外の)放射状に走る線
кольцевая линия カリツェヴァーヤ リーニヤ	радиальная линия ラヂィアーリナヤ リーニヤ

この電車は ヴェーデンハー へ行きますか？
Извините, этот поезд идёт в ВДНХ ?
イズヴィニーチェ エータットゥ ポーイストゥ イヂョットゥ ヴ ヴェーデンハー

数詞の愛称形：小さな番号の場合、愛称形を使うことがあります。

1 единица イヂーニッツァ	2 двойка ドゥヴォイカ	3 тройка トゥロイカ
4 четвёрка チトゥヴョールカ	5 пятёрка ピチョールカ	6 шестёрка シィストョールカ
7 семёрка スィミョールカ	8 восьмёрка ヴァスィミョールカ	9 девятка ヂヴャートカ
		10 десятка ヂィシャートカ

郊外列車(電車)
пригородный поезд (электричка)
プリーガラドゥヌィ ポーイストゥ エリクトゥリーチカ

セルギエフ・パッサート まで往復1枚
Один билет до Сергиева-Посада туда и обратно
アヂン ビリェートゥ ダ セールギエヴァ パッサーダ トゥダー イ アブラートゥヌ

切符売場	プラットホーム	～番列車
касса カッサ	платформа プラットフォルマ	поезд №～ ポーイストゥ ノーミェル

移動・あいさつ・地図・時間・数字買物・食事・文化・家人・トラブル・その他

※乗車カードは近年導入されたシステムで、以前はジェトーンという専用コインを使った改札システムでした。地方の街では、まだジェトーンを使っているところがあるかもしれません。

13

あいさつ Приветствие
プリヴェーツトゥヴィエ

こんにちは **Здравствуйте!** ズドゥラーストヴィチェ	おはよう **Доброе утро.** ドーブラヤ ウートラ
やあ！ **Привет！** プリヴィエートゥ	こんにちは **Добрый день.** ドーブルィイ ヂェーニ
おす！（男同士） **Здорово！** ズダローヴァ	こんばんは **Добрый вечер.** ドーブルィイ ヴェーチル

いかがお過ごしですか？
Как вы поживаете? （あなた）
カーク ヴィ パジィヴァーイェチェ
ты поживаешь （きみ）
トゥィ パジィヴァーイェシ

調子どう？
Как дела？
カーク ヂラー

ありがとう **Спасибо.** スパスィーバ （いい時）	最高 **Отлично** アトゥリーチナ	いいですよ **Хорошо** ハラショー
う〜ん… **Ну…** ヌ （わるい時）	まあまあだぜね **Нормально** ナルマーリナ	いまいち **Так себе** タークスィビェー
（きみ）あなたはどうぞ （тебя） **А у Вас？** アウ ヴァース	よくないよ **Плохо** プローハ	最悪 **Ужасно** ウジャースナ

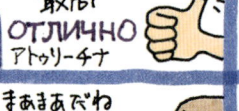

私は〜です
У меня〜
ミニャ

〜（どうも）ありがとう
(Большое) спасибо за〜
（バリショーエ） スパスィーバ ザ

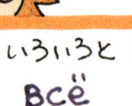

どういたしまして
Пожалуйста.
パジャールスタ

いろいろと **всё** フショー	ご同席 **компанию** カンパーニィユ	礼には及びませんよ **Не за что.** ニェー ザ シタ

ご招待 **приглашение** プリグラシェーニィエ	プレゼントを **подарок** パダーラク	助けてくれて **помощь** ポーマシシ

14 欄外語録 Сколько лет, сколько зим！（スコリカ リェットゥ スコリカ ズィーム！：ひさしぶり！）
長いこと会わなかった人と再会した時に。

あいさつ

すみません
- Извините. (イズヴィニーチェ)
- Простите. (プラスティーチェ)
- Прошу прощенья. (プラシュウ プラシェーニヤ)

大丈夫、全く問題ないよ
- Ничего. Всё нормально. (ニチヴォー. フショー ナルマーリナ)

あやまることはないよ
- Не стоит извиняться. (ニ ストーイト イズヴィニャーッツァ)

遅れて すみません
- Извините за опоздание. (イズヴィニーチェ ザ アパズダーニエ)

ご面倒おかけして (заのあとに)
- неудобства (ニウドープストヴァ)

(くしゃみをした人に) お大事に (あなた)
- Будь(те) Здоров(ы) (ブッチ(エ) ズダローフ(ヴィ))
  ※女性の時は здорова (-ヴァ)

(お風呂あがりの人に) さっぱりしましたね
- С лёгким паром! (スリョーヒキム パーラム)

さようなら
- До свидания. (ダ スヴィダーニヤ)

またね
- До встречи. (ダ フストゥレーチィ)

またね
- До скорого. (ダ スコーラヴァ)

ご機嫌よう
- Всего доброго. (フスィヴォー ドーブロヴァ)

ご機嫌よう
- Всего хорошего. (フスィヴォー ハローシェヴァ)

お幸せに (じゃあね)
- Счастливо. (シィスリーヴァ)

じゃあね
- Ну, пока! (ヌゥ, パカァ)

また会いましょう
- Увидимся ещё. (ウヴィージムスャ イッショー)

病気しないようにね
- Не болей. (ニ バレーイ)

よい旅を
- Счастливого пути! (シィスリーヴァヴァ プゥチィー)

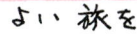

神の御加護を
- С богом. (ズ ボーガム)

旅のご無事を
- Счастливо добраться. (シィスリーヴァ ダブラーッツァ)

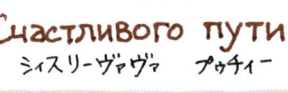

健康に乾杯!
- За здоровье! (ザ ズダローヴィエ)

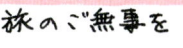

お幸せに、お先に (残る人へ)
- Счастливо оставаться. (シィスリーヴァ アスタヴァーッツァ)

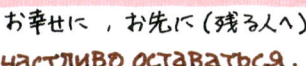

あいさつ / 地図 / 時間 / 数字 買物 / 食事 / 文化 / 家人 / トラブル / その他

欄外語録　Ну, блин! (ヌゥ, ブリン！：えい、くそぉ！)
女の子も使いますが、相手に与える印象や時と場所を考えて、気をつけて使ってください。

15

呼びかけ Обращение
アブラッシェーニエ

少年、ぼうや **мальчик** マーリチィク	そこの若いの **молодой человек** マラドーイ チラヴェーク	おじいさん **дедушка** ヂェードゥシカ
少女、おじょうちゃん **девочка** ヂェーヴァチカ	お嬢さん ※ **девушка** ヂェーヴシカ	おばあさん **бабушка** バーブシカ

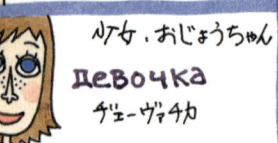

すみませんが
Извините.
イズヴィニーチェ

手伝って(助けて)くれませんか？
Не могли бы мне помочь?
ニ マグリー ブィ ムニェ パモーチ

今何時かおしえてくれませんか？
Вы не подскажете, сколько сейчас времени?
ヴィ ニ パッツスカージェチェ スコーリカ スィチャース ヴレーメニー

もう少しゆっくりしゃべってください
Говорите, пожалуйста, помедленнее.
ガヴァリーチェ パジャールゥスタ パメードゥレンニェィエ

その本を近くで見てもいいですか？
Можно посмотреть эту книгу поближе?
モージナ パスマトゥレーチ エートゥ クニーグゥ パブリージェ

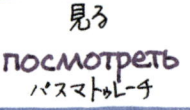

(〜しても)いいですか？ **Можно 〜？** モージナ	見る **посмотреть** パスマトゥレーチ	もらう、持って行く **взять** ヴズャーチ
通る **пройти** プライチー	窓を開ける **открыть окно** アトゥクルィチ アクノー	はい、どうぞ **Да, пожалуйста.** ダ パジャールゥスタ
電話する **позвонить** パズヴァニーチ	質問する **спросить** スプラスィーチ	もちろん **Конечно.** カニェーシナ
お願いする **попросить** パプラスィーチ	写真をとる **фотографировать** ファタグラフィーラヴァチ	いや、だめです **Нет, нельзя.** ニェットゥ ニリズャー

16 ※お店で店員を呼ぶ時にも使います。

通してください
Разрешите пройти.
ラズリシィーチェ プライチィー

何、何？
Что, что?
シト シトー

？

何でもない
Ничего. / Ничё
ニチヴォー ニチョー

呼びかけ

うん	いいや	さて、ふ〜ん
Да. ダー	**Нет** ニェットゥ	**Так.** ターク

いんや	で？？	なるほど
Не-а. ニェア	**Ну, и?** ヌゥイ	**Понятно.** パニャートゥナ

え？	あて、※	わからんかった
Что? ※ シトー	**Чё?** チョー	**Не понял.** ニェ ポーニャル **поняла.(♀)** パニラー

あいさつ 地図 時間 数字買物 食事 文化 家人 トラブル その他

電話での会話　**телефонный разговор**
チリィフォンヌイ ラズガヴォール

もしもし？　　　〜です
Алло?　　**Это 〜 (говорит).**
アロー　　エータ　　ガヴァリーットゥ

〜さんは住宅ですか？
〜 дома?
ドーマ

彼を呼んでもらえますか？
Можно его?
モージナ イヴォー

彼女を
её
イヨー

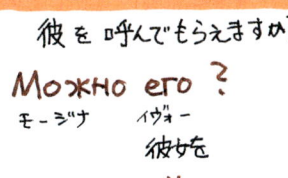

（いないとき）じゃあ　また　かけなおします　　さようなら
Тогда, перезвоню потом. До свидания.
タグダー　　ピリズヴァニュー　パトーム　　ダ スヴィダーニヤ

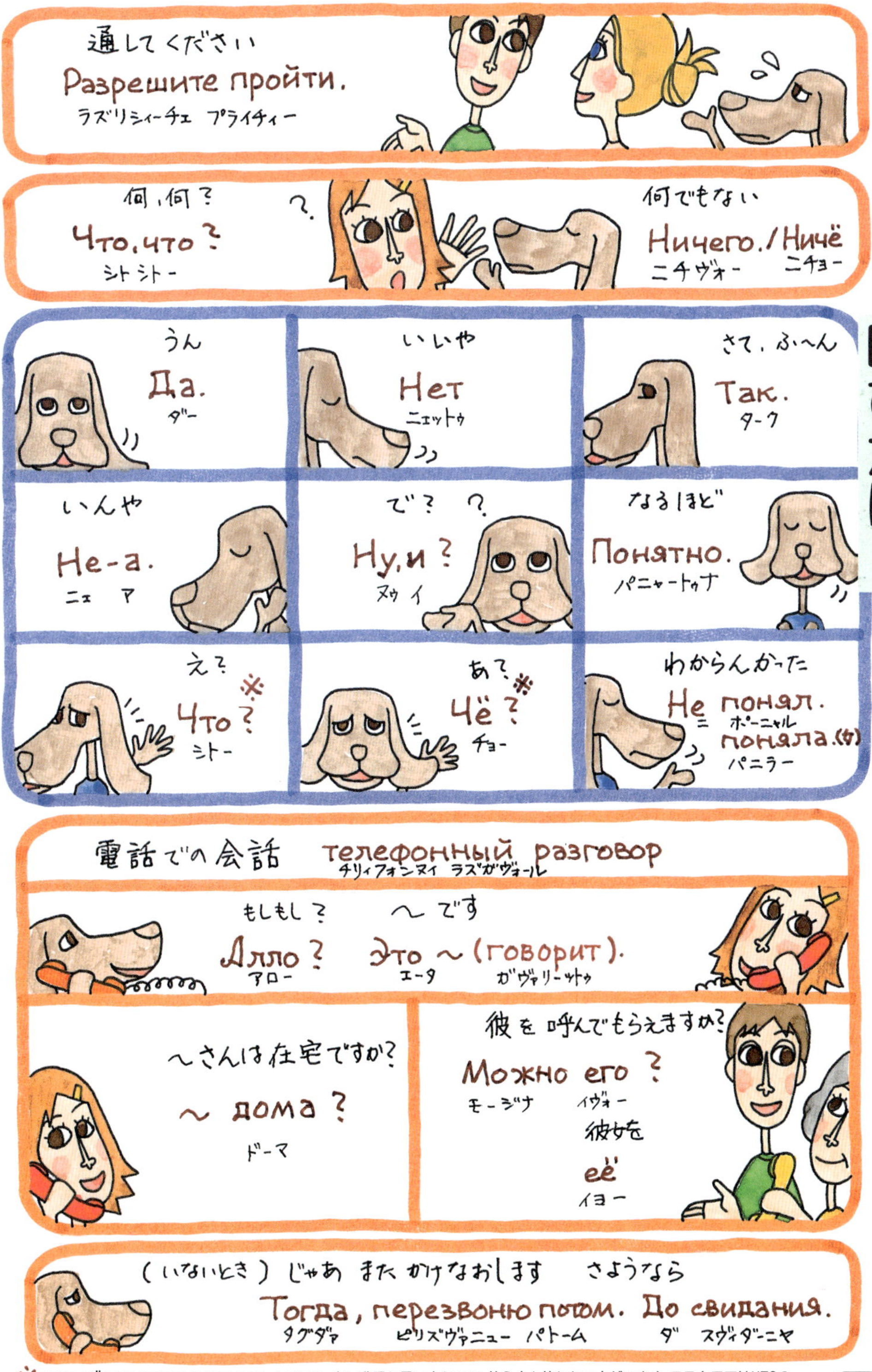

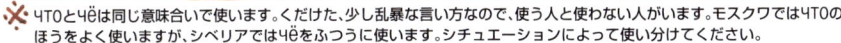

※ чтоとчёは同じ意味合いで使います。くだけた、少し乱暴な言い方なので、使う人と使わない人がいます。モスクワではчтоのほうをよく使いますが、シベリアではчёをふつうに使います。シチュエーションによって使い分けてください。

自己紹介 Знакомство
ズナコームストヴァ

お知り合いになりましょう
Давайте познакомимся.
ダヴァイチェ　パズナコーミムスャ

私は〜といいます
Меня зовут 〜.
ミニャ　ザヴゥートゥ

名　父称　姓
имя　отчество　фамилия
イーミャ　オーッチストヴァ　ファミィーリヤ

(IJI)↓
Александр Сергеевич Пушкин
アリクサーンドゥル　セルゲーイチ　プーシキン

父は **Сергей** さん．
セルゲーイ

имя + отчество で敬意を表す「〜さん」という表現になる ※

(君) あなたのお名前は？
Как вас зовут？
カーク　ヴァス　ザヴゥートゥ
(**тебя**)
チビャ

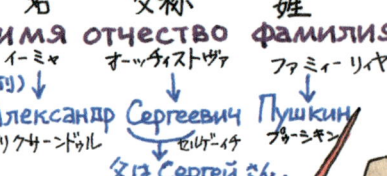

はじめまして
Очень приятно.
オーチン　プリヤートゥナ

知り合いになれてうれしいです
Рад(а) с вами познакомиться
ラートゥ(ラーダ) ス ヴァーミイ　パズナコーミッツァ
с тобой (君と)
ス タボーイ

あなたは学生ですか、それとも働いていますか？
Вы учитесь, или работаете？
ヴィ　ウーチィチスィ　イリ　ラボータィチェ

私は〜です
Я 〜.
ヤー

学生
студент
ストゥヂェーントゥ
студентка(♀)
ストゥヂェーントゥカ

大学院生
аспирант
アスピラントゥ
аспирантка(♀)
アスピラントゥカ

教師
учитель
ウチーチェリ
учительница(♀)
ウチーチェリニツァ

学者
учёный
ウチョーヌイ

ビジネスマン
бизнесмен
ビズネスメン

失業者
безработный
ビズラボートゥヌイ

主婦
домохозяйка
ダマハズャイカ

店員
продавец
プラダヴェーツ
продавщица(♀)
プラダフシーッツァ

作家
писатель
ピィサーチリ

画家
художник
フダージニク

音楽家
музыкант
ムゥズィカントゥ

俳優 女優
актёр
アクチョール
актриса(♀)
アクトゥリーサ

医者
врач
ヴラーチ

フォトグラファー
фотограф
ファトーグラフ

コンピューター・スペシャリスト
компьютерщик
カンピューチルシィク

スポーツマン
спортсмен
スパルツメーン
спортсменка(♀)
スパルツメーンカ

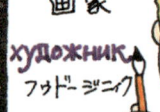
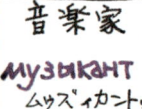

※「〜先生」というときも、имя + отчество を使います。

ロシア Россия ラッスィーヤ

1 カリーニングラード　Калининград　カリーニングラートゥ
2 ムールマンスク　Мурманск　ムールマンスク
3 サンクト・ペテルブルク　Санкт-Петербург　サンクトゥ・ピチルブールク
4 ノーヴゴロド　Новгород　ノーヴガラトゥ
5 モスクワ　Москва　マスクヴァー
6 ヤロスラーヴリ　Ярославль　ヤラスラーヴリ
7 アルハーンゲリスク　Архангельск　アルハーンギィリスク
8 リャザン　Рязань　リィザーン
9 ヴォロネジ　Воронеж　ヴァローニェシ
10 ニージニー・ノーヴゴロド　Нижний Новгород　ニージニー・ノーヴガラトゥ
11 キーロフ　Киров　キーロフ
12 カザン　Казань　カザーン
13 サマーラ　Самара　サマーラ
14 サラートフ　Саратов　サラータフ
15 ヴォルゴグラード　Волгоград　ヴァルガグラートゥ
16 ロストフ・ナ・ドヌー　Ростов-на-Дону　ラストーフ・ナ・ダヌー
17 アーストラハン　Астрахань　アーストゥラハン
18 ウファー　Уфа　ウファー
19 ペールミ　Пермь　ピェールミ
20 エカテリンブールク　Екатеринбург　エカチリンブールグ
21 チェリャービンスク　Челябинск　チリャービンスク
22 チュメーニ　Тюмень　チュメーニ

20

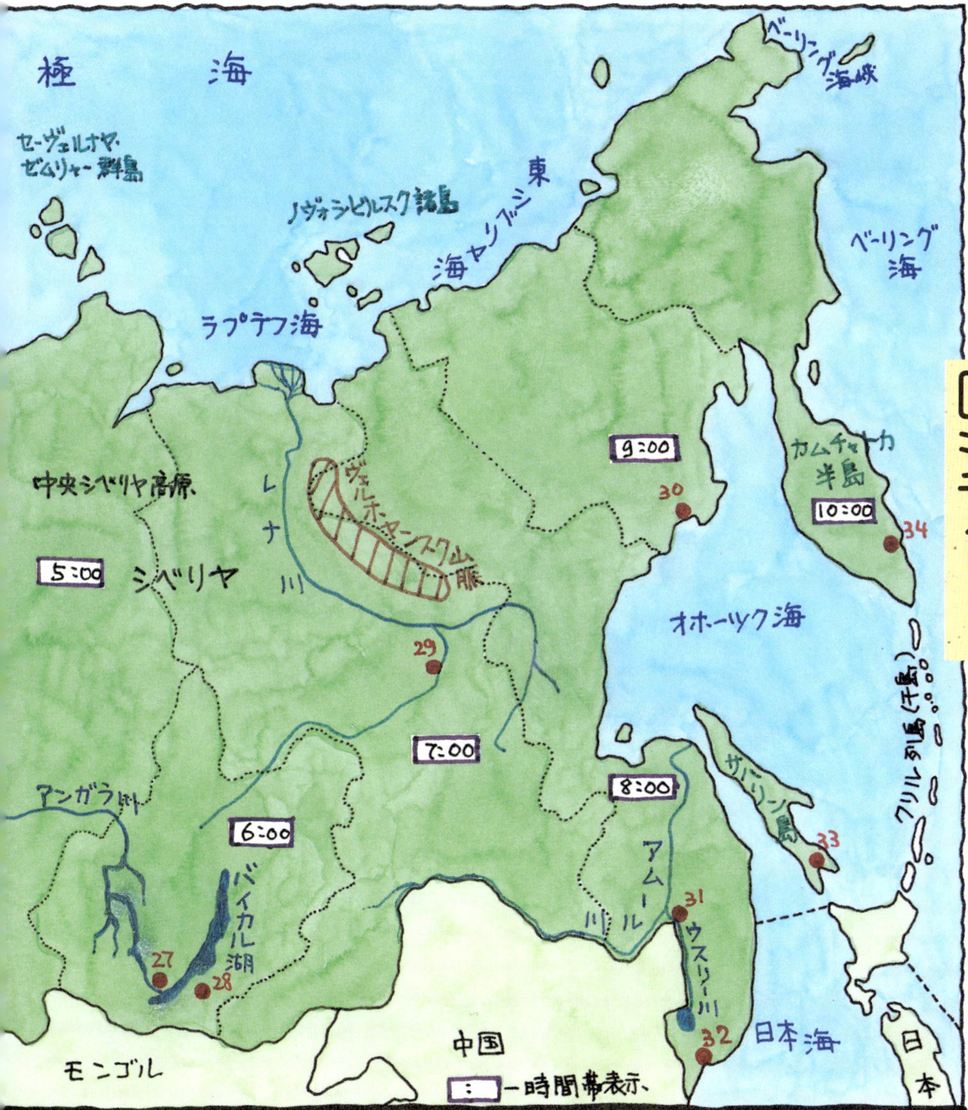

23 オームスク	Омск	オームスク
24 ノヴォシビールスク	Новосибирск	ノヴォシビールスク
25 バルナウール	Барнаул	バルナウール
26 クラスノヤールスク	Красноярск	クラスナヤールスク
27 イルクーツク	Иркутск	イルクゥーツク
28 ウラン・ウデ	Улан-Удэ	ウラン・ウデ
29 ヤクーツク	Якутск	イクーツク
30 マガダーン	Магадан	マガダーン
31 ハバーロフスク	Хабаровск	ハバーロフスク
32 ヴラヂヴォストーク	Владивосток	ヴラヂヴァストーク
33 ユジノ・サハリーンスク	Южно-Сахалинск	ユージノ・サハリーンスク
34 ペトロパーヴロフスク・カムチャツキー	Петропавловск-Камчатский	ピトロパーヴロフスク・カムチャーツキー

モスクワ Москва
マスクヴァー

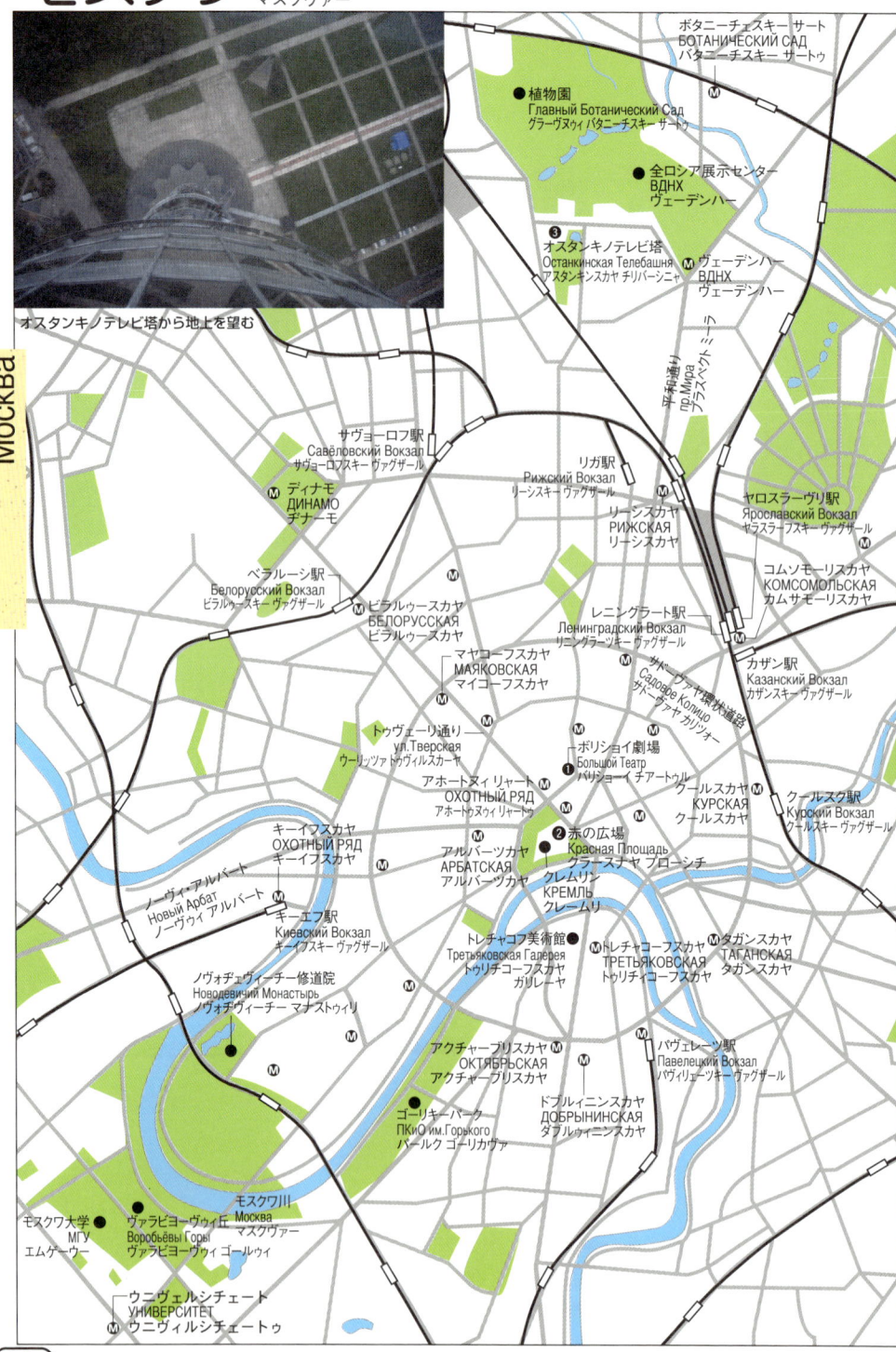

オスタンキノテレビ塔から地上を望む

移動
あいさつ
地図

Москва

ボタニーチェスキー サート
БОТАНИЧЕСКИЙ САД
バタニーチスキー サートゥ

● 植物園
Главный Ботанический Сад
グラーヴヌィ バタニーチスキー サードゥ

● 全ロシア展示センター
ВДНХ
ヴェーデンハー

❸ オスタンキノテレビ塔
Останкинская Телебашня
アスタンキンスカヤ チリバーシニャ

ヴェーデンハー
ВДНХ
ヴェーデンハー

平和通り
пр.Мира
プラスペクト ミーラ

サヴョーロフ駅
Савёловский Вокзал
サヴョーロフスキー ヴァグザール

リガ駅
Рижский Вокзал
リージスキー ヴァグザール

ディナモ
ДИНАМО
ヂナーモ

リーシスカヤ
РИЖСКАЯ
リージスカヤ

ヤロスラーヴリ駅
Ярославский Вокзал
ヤラスラーフスキー ヴァグザール

ベラルーシ駅
Белорусский Вокзал
ビラルースキー ヴァグザール

ビラルースカヤ
БЕЛОРУССКАЯ
ビラルースカヤ

レニングラート駅
Ленинградский Вокзал
リニングラーツキー ヴァグザール

コムソモーリスカヤ
КОМСОМОЛЬСКАЯ
カムサモーリスカヤ

マヤコーフスカヤ
МАЯКОВСКАЯ
マイコーフスカヤ

サドーヴァヤ環状道路
Садовое Кольцо
サドーヴァヤ カリツォー

カザン駅
Казанский Вокзал
カザンスキー ヴァグザール

トゥヴェーリ通り
ул.Тверская
ウーリッツァ トヴェルスカーヤ

❶ ボリショイ劇場
Большой Театр
バリショイ チアートゥル

アホートヌィ リャート
ОХОТНЫЙ РЯД
アホートヌィ リャートゥ

クールスカヤ
КУРСКАЯ
クールスカヤ

クールスク駅
Курский Вокзал
クールスキー ヴァグザール

キーイフスカヤ
ОХОТНЫЙ РЯД
キーイフスカヤ

アルバーツカヤ
АРБАТСКАЯ
アルバーツカヤ

❷ 赤の広場
Красная Площадь
クラースナヤ プローシチ

ノーヴィ・アルバト
Новый Арбат
ノーヴゥイ アルバート

キーエフ駅
Киевский Вокзал
キーイフスキー ヴァグザール

クレムリン
КРЕМЛЬ
クレームリ

トレチャコフ美術館
Третьяковская Галерея
トゥリチコーフスカヤ ガリレーヤ

トレチャコーフスカヤ
ТРЕТЬЯКОВСКАЯ
トゥリチコーフスカヤ

タガンスカヤ
ТАГАНСКАЯ
タガンスカヤ

ノヴォチェヴィーチー修道院
Новодевичий Монастырь
ノヴォチヴィーチー マナストゥィリ

アクチャーブリスカヤ
ОКТЯБРЬСКАЯ
アクチャーブリスカヤ

パヴェレーツ駅
Павелецкий Вокзал
パヴィリェーツキー ヴァグザール

ゴーリキー・パーク
ПКиО им.Горького
パールク ゴーリカヴァ

ドブルィニンスカヤ
ДОБРЫНИНСКАЯ
ダブルィニンスカヤ

モスクワ川
Москва
マスクヴァー

モスクワ大学
МГУ
エムゲーウー

ヴァラビヨーヴゥイ丘
Воробьёвы Горы
ヴァラビヨーヴゥイ ゴールゥイ

ウニヴェルシチェート
УНИВЕРСИТЕТ
ウニヴィルシチェートゥ

ボリショイ劇場

赤の広場

イズマイロフスカヤ
ИЗМАЙЛОВСКАЯ
イズマイラフスカヤ

イズマイロフ公園
Измайловский Парк
イズマイラフスキー パールク

地下鉄 metro ミトロー

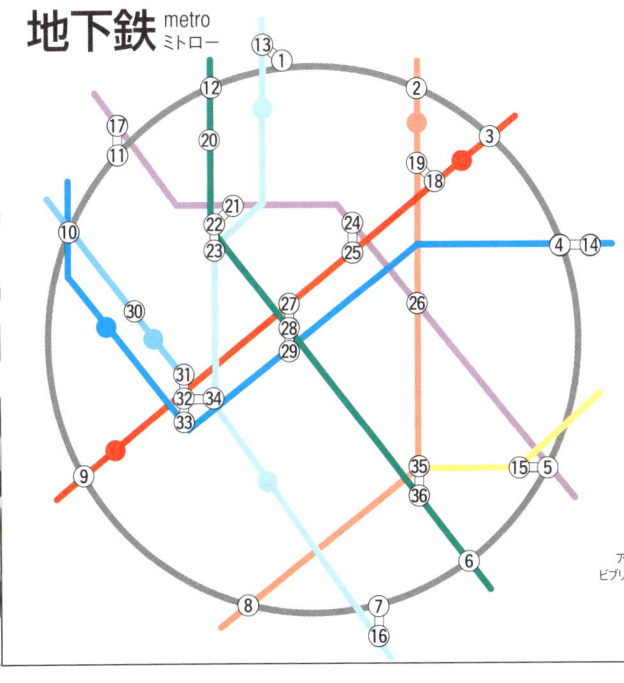

ノヴォスラボツカヤ	① НОВОСЛОБОДСКАЯ
プラスペクト ミーラ	② ПРОСПЕКТ МИРА
カム サモーリスカヤ	③ КОМСОМОЛЬСКАЯ
クールスカヤ	④ КУРСКАЯ
タガンスカヤ	⑤ ТАГАНСКАЯ
パヴィリェーツカヤ	⑥ ПАВЕЛЕЦКАЯ
ダブルィニンスカヤ	⑦ ДОБРЫНИНСКАЯ
アクチャーブリスカヤ	⑧ ОКТЯБРЬСКАЯ
パールク クリトゥールィ	⑨ ПАРК КУЛЬТУРЫ
キーイフスカヤ	⑩ КИЕВСКАЯ
クラスナプリスニェーンスカヤ	⑪ КРАСНОПРЕСНЕНМКАЯ
ビラルーススカヤ	⑫ БЕЛОРУССКАЯ
ミンヂリェーエフスカヤ	⑬ МЕНДЕЛЕЕВСКАЯ
チカーロフスカヤ	⑭ ЧКАЛОВСКАЯ
マルクシースツカヤ	⑮ МАРКСИСТСКАЯ
スィルプーホフスカヤ	⑯ СЕРПУХОВСКАЯ
バリカードゥナヤ	⑰ БАРРИКАДНАЯ
チーストゥィエ プルドゥィ	⑱ ЧИСТЫЕ ПРУДЫ
トゥルゲーニフスカヤ	⑲ ТУРГЕНЕВСКАЯ
マイコーフスカヤ	⑳ МАЯКОВСКАЯ
プーシキンスカヤ	㉑ ПУШКИНСКАЯ
トゥヴィルスカーヤ	㉒ ТВЕРСКАЯ
チェーハフスカヤ	㉓ ЧЕХОВСКАЯ
クズニェーツキー モーストゥ	㉔ КУЗНЕЦКИЙ МОСТ
ルゥビャーンカ	㉕ ЛУБЯНКА
キタイ ゴーラトゥ	㉖ КИТАЙ ГОРОД
アホートゥヌゥイ リャートゥ	㉗ ОХОТНЫЙ РЯД
チアトゥラーリナヤ	㉘ ТЕАТРАЛЬНАЯ
プローシチ リヴァリューツィー	㉙ ПЛОЩАДЬ РЕВОРЮЦИИ
スマリェーンスカヤ	㉚ СМОЛЕНСКАЯ
アリクサンドロフスキー サートゥ	㉛ АЛЕКСАНДРОВСКИЙ САД
ビブリアチェーカ イーミニィ レーニナ	㉜ БИБЛИОТЕКА ИМ.ЛЕНИНА
アルバーツカヤ	㉝ АРБАТСКАЯ
バラヴィーツカヤ	㉞ БОРОВИЦКАЯ
トゥリチィコーフスカヤ	㉟ ТРЕТЬЯКОВСКАЯ
ノヴォクズニェーツカヤ	㊱ НОВОКУЗНЕЦКАЯ

モスクワ

地図 | 時間 | 数字買物 | 食事 | 文化 | 家・人 | トラブル | その他

サンクト・ペテルブルク Санкт-Петербург
サンクトゥ・ピチルブゥールク

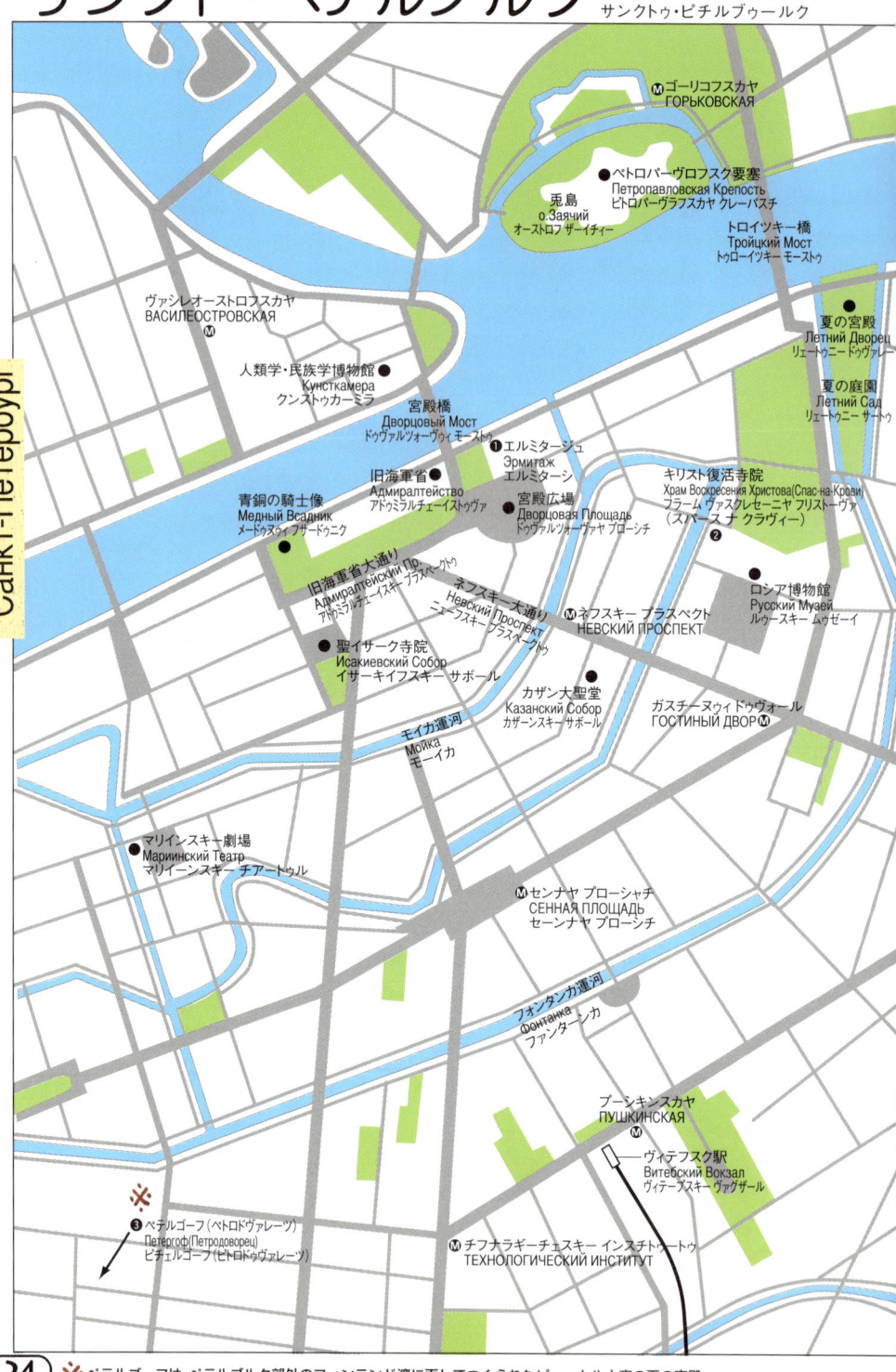

24　※ペテルゴーフは、ペテルブルク郊外のフィンランド湾に面してつくられたピョートル大帝の夏の宮殿。

ブローシャチ レーニナ
ПЛОЩАДЬ ЛЕНИНА
プローシチ リェーニナ

フィンランド駅
Финляндский Вокзал
フィンリャーンツキー ヴァグザール

ネヴァ川
Нева
ニヴァー

巡洋艦オーロラ号
Крейсер"Аврора"
クレイセル アヴローラ

リテイヌィ橋
Литейный Мост
リチェーイヌゥイ モーストゥ

スモーリヌゥイ
Смольный
スモーリヌゥイ

エルミタージュ

キリスト復活寺院

マヤコーフスカヤ
МАЯКОВСКАЯ

プローシャチ ヴァススターニヤ
ПЛОЩАДЬ ВОССТАНИЯ

ヴラヂーミルスカヤ
ВЛАДИМИРСКАЯ

モスクワ駅
Московский Вокзал
マスコーフスキー ヴァグザール

プローシャチ アレクサンドラ ネーフスカヴァ
ПЛОЩАДЬ АЛЕКСАНДРА НЕВСКОГО

アレクサンドル・ネフスキー修道院
Александро-Невская Лавра
アリクサーンドロ ニェーフスカヤ ラーヴラ

ペテルゴフ

サンクト・ペテルブルク

地図 | 時間 | 数字買物 | 食事 | 文化 | 家・人 | トラブル | その他

ロシアのその他の都市 Другие города России
ドゥルギーエ ガラダー ラッスィー

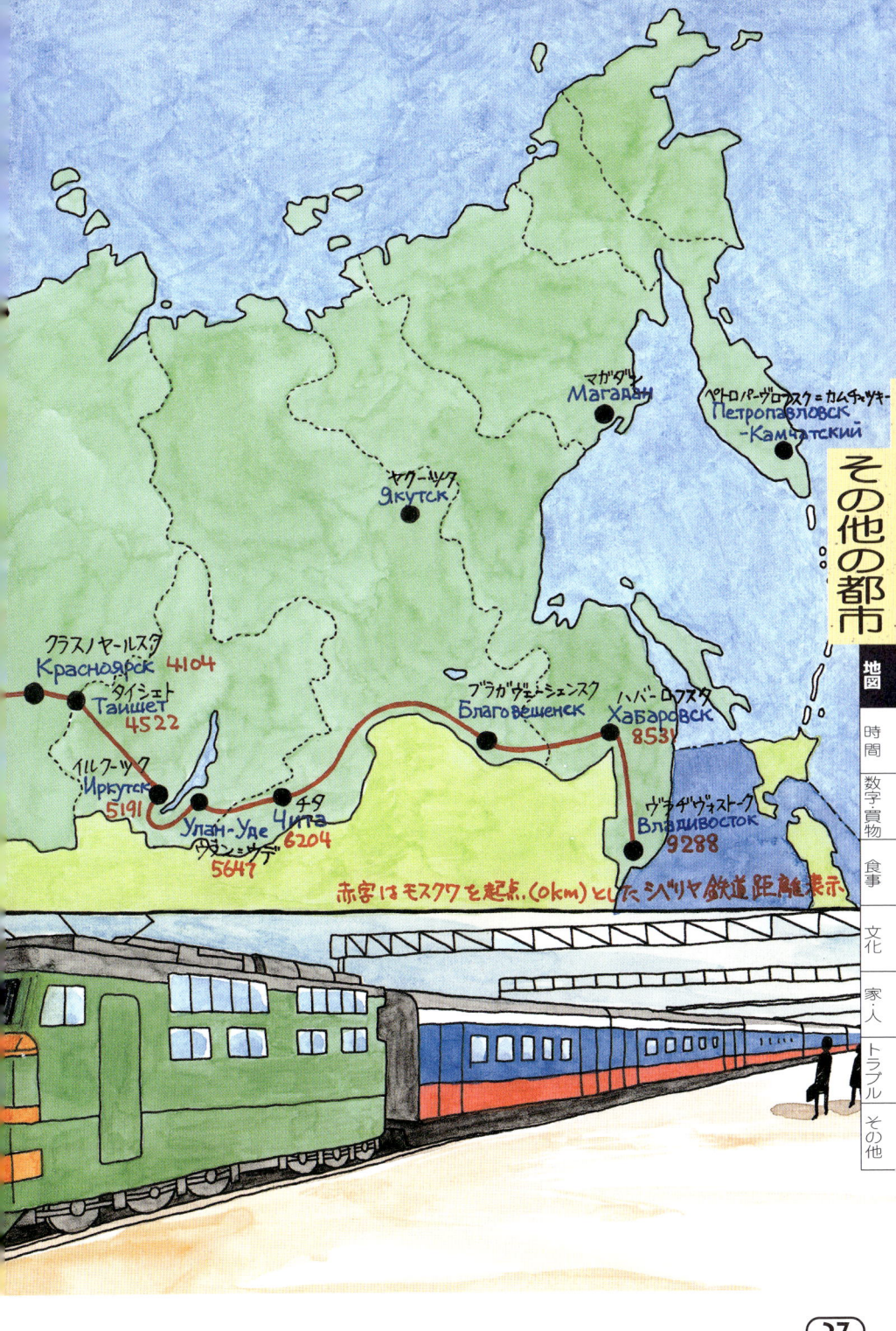

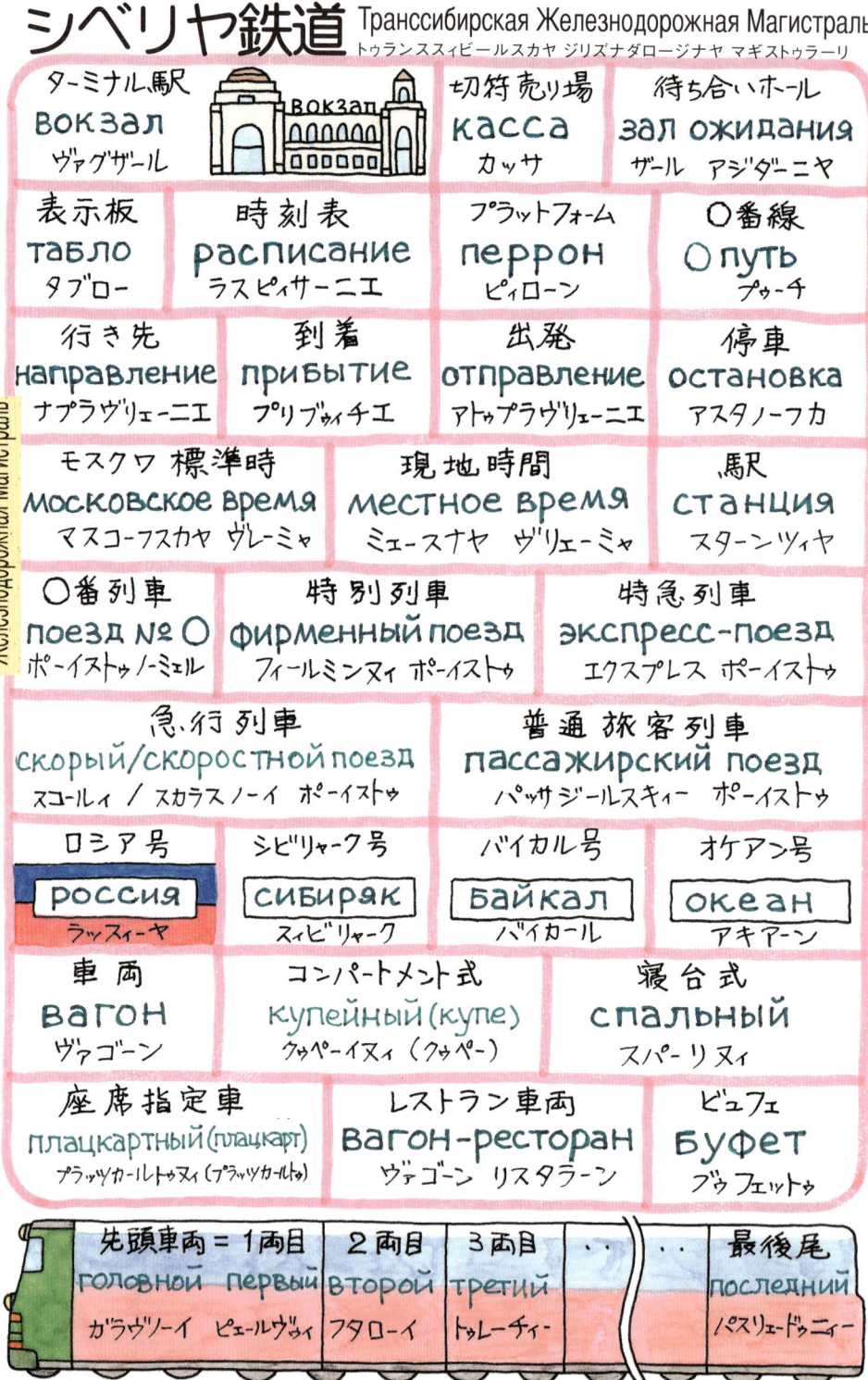

シベリヤ鉄道

すみません 私の席はどこでしょうか？	ほら、私のチケットです。
Извините, где моё место?	Вот, мой билет.
イズヴィニーチェ グヂェー マヨー ミェースタ	ヴォットゥ モイ ビリェートゥ

車掌	コンパートメントの隣人(複)	荷物	荷物入れ
ПРОВОДНИК	сосед(и) по купе	БАГАЖ	БАГАЖНИК
プラヴァドゥニーク	サスェートゥ(ヂィー) パ クゥペー	バガーシ	バガージニク
チタン(給湯器)	シーツ、枕カバー	枕	かけぶとん
ТИТАН	ПРОСТЫНЯ	ПОДУШКА	ОДЕЯЛО
チターン	プラストゥィニャー	パドゥーシカ	アヂヤーラ

次の停車は何駅ですか？
Какая будет следующая остановка?
カカーヤ ブーヂッ スリェードゥユシャヤ アスタノーフカ

次の駅は何分間の停車ですか？
Сколько минут поезд стоит на следующей станции?
スコリカ ミヌートゥ ポーイストゥ スタイートゥ ナ スリェードゥユシェイ スターンツィー

※ シベリア鉄道には各車両常時2人ずつ車掌が乗車していて、乗客が乗り過ごしたりしないように到着前に知らせるなど、雑多でハードな仕事を交代でこなしています。

時間 Время
ヴレーミャ

今何時ですか？
Сколько сейчас времени?
スコーリカ スィチャース ヴレーミニ

Который час?
カトールィイ チャース

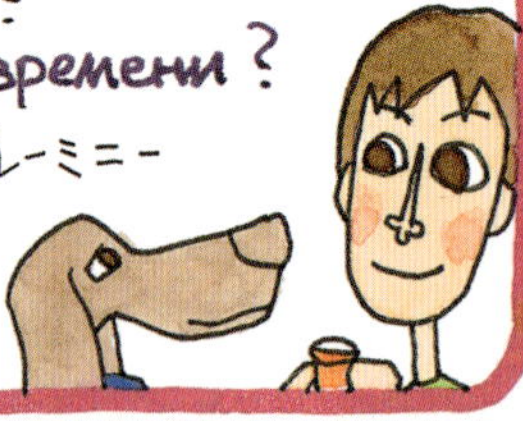

	0時半 半分 ПОЛ + 1 ～ 12 ボウ	
1	～ пе́рвого	= 12:30
2	～ второ́го	= 1:30
3	～ тре́тьего	= 2:30
4	～ четвёртого	= 3:30
5	～ пя́того	= 4:30
6	～ шесто́го	= 5:30
7	～ седьмо́го	= 6:30
8	～ восьмо́го	= 7:30
9	～ девя́того	= 8:30
10	～ деся́того	= 9:30
11	～ оди́ннадцатого	= 10:30
12	～ двена́дцатого	= 11:30

○ 時 △ 分 です

(1) час 1, 21, 31, 41, 51 **мину́та**
チャース ミヌータ

2-4 часа́ 2, 3, 4, 22, 23, 24, 32, 33 ... **мину́ты**
チサー ミヌートゥィ

5-12 часо́в 5-20, 25-30, 35-40 ... **мину́т**
チスィーフ ミヌートゥ

(例) 10時24分です
10 часо́в 24 мину́ты
チスィーフ ミヌートゥィ

何時に起きますか？
Во ско́лько встанете? (Вы)
ヴァ スコーリカ フスターニチェ

(Ты) встанешь
フスターニシ

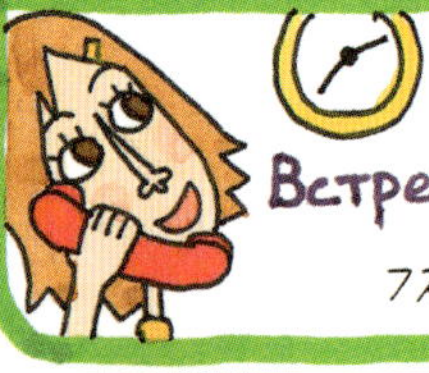

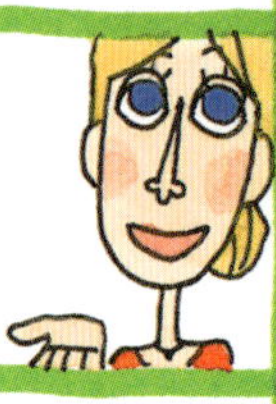

○時に会いましょう
Встретимся в 00:00
フストゥレーチムスャ フ

(例) **полвосьмо́го**
半分 8
||
7:30

もしかしたら、待ち合わせに間にあわないかも
Может быть, я не успею на встречу.
モージッツ ブィチ ヤー ニ ウスペーユ ナ フストゥレーチュ

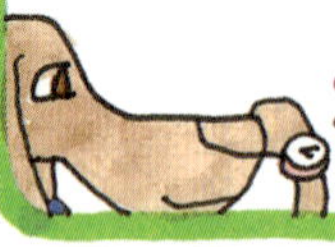

時間通りに着く
Я приду́ во́время.
ヤー プリィドゥ ヴォーヴリミャ

少し早めに
～ пора́ньше
パラーニシェ

少し遅く
～ попо́зже
パポーズジェ

10分ぐらい待っていてください (Вы)
Подожди(те) меня, минут 10.
パダジディ(チェ) ミニャー ミヌートゥ チェーシチ

※ 時間表現にはこの他にも、時・分の順で数字だけをいうフォーマルな言い方もあります。これは数字を並べて言うだけなので、比較的簡単です。例)12:25 ドゥヴィナーッツァッチ ドゥヴァッツァッチピャーチ

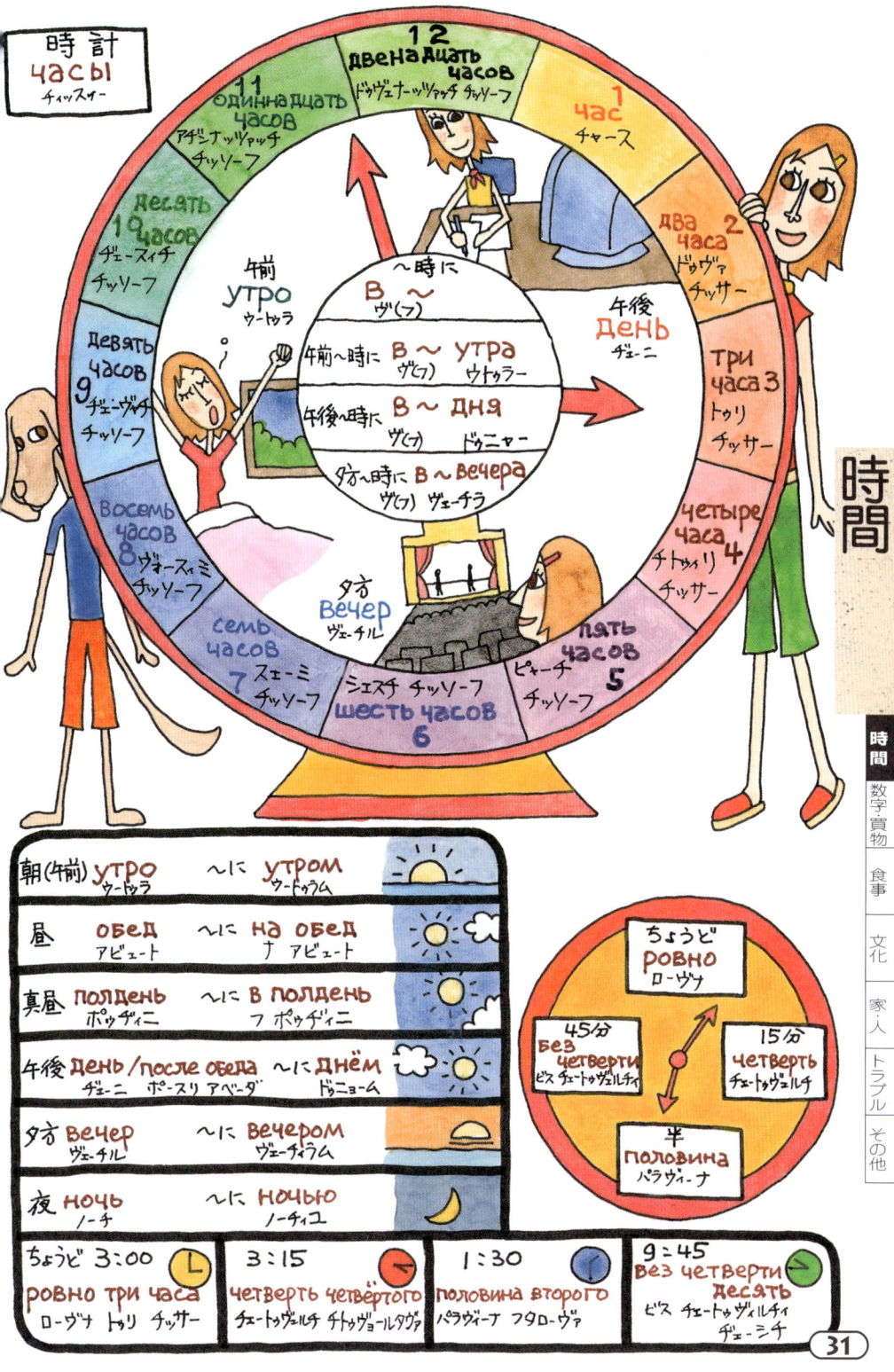

月日と年月 Даты
ダートゥイ

いつ？ Когда? カグダー	何年に？ В каком году? フ カコーム ガドゥー	1年 год ゴートゥ	2〜4年 года ゴーダ	5年 ≧ лет リェット
	何月に？ В каком месяце? フ カコーム メースィツェ	1976年に В 1976 году フ トゥイシチ ヂヴィッツォートゥ スェーミヂシャツ シストーム ガドゥー		
	何日に？ Какого числа? カコーヴァ チィスラー			

いつここへ来ましたか？ Когда вы приехали сюда? カグダー ヴィ プリィエーハリ スュダー (ты) приехал(ла) (トゥィ) プリィエーハル(ラ)(女)	いつ発ちますか？ Когда вы уезжаете? カグダー ヴィ ウィジャーイチェ (ты) уезжаешь トゥィ ウィジャーイシ

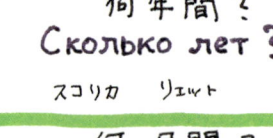

どのくらいここに滞在しますか？
Сколько вы пробудете здесь?
スコリカ ヴィ プラブーヂェチェ ズヂェース
(ты) пробудешь
トゥィ プラブーヂシ

どのくらい？ Сколько スコーリカ	何年間？ Сколько лет? スコリカ リェット	1年間 год ゴートゥ	2〜4年間 года ゴーダ	5年間 ≧ лет リェット
	何ヵ月間？ Сколько месяцев? スコリカ メースィツェフ	1ヵ月間 месяц メースャツ	2〜4ヵ月間 месяца メースィツァ	5ヵ月間 месяцев メースィツェフ
	何週間？ Сколько недель? スコリカ ニヂェーリ	1週間 неделя ニヂェーリャ	2〜4週間 недели ニヂェーリィ	5週間 недель ニヂェーリ
	何日間？ Сколько дней? スコリカ ドゥニェイ	1日間 день チェーニ	2〜4日間 дня ドゥニャー	5日間 дней ドゥニェーイ

1 アヂーン	2 ドゥヴァー	3 トゥリー	4 チィトゥィリ	5 ピャーチ	6 シェスチ	7 スェーミ	8 ヴォースィミ	9 ヂェーヴィチ	10 ヂェーシチ	11 アヂーンナッツァッチ	12 ドゥヴェナーッツァッチ

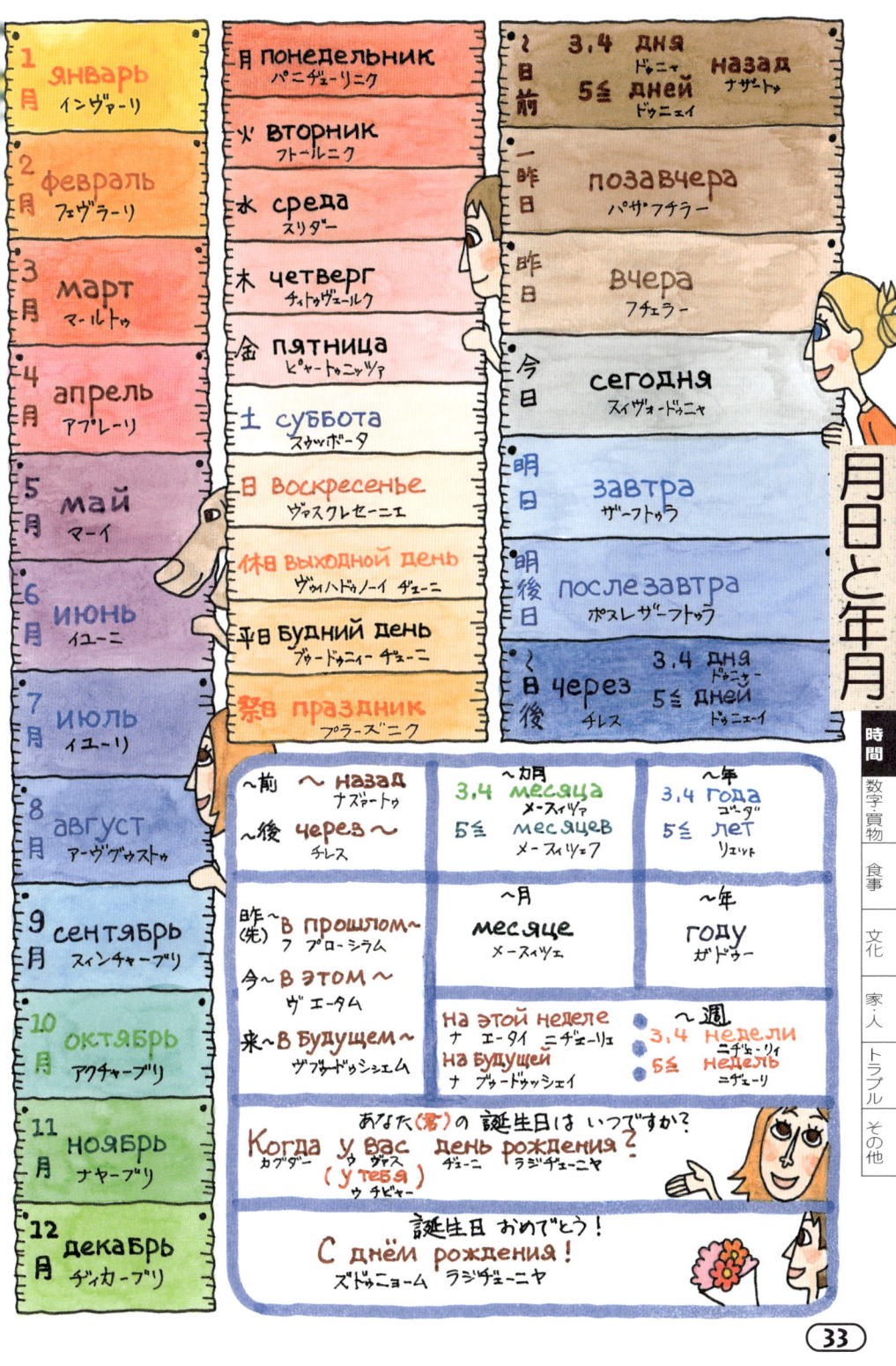

一年と天気 Времена года и погода
ヴレミナー ゴーダ イ パゴーダ

白樺 берёза ビリョーザ

ななかまど рябина リビーナ

りんごの木 яблоня ヤーブラニャ

平和と協調の日 День Примирения и Согласия ヂェーニ プリミレーニヤ イ サグラースィヤ

憲法記念日 День Конституции ヂェーニ カンスチトゥーツィー

新年 Новый Год ノーヴゥイ ゴートゥ

黄金の秋 Золотая осень ザラターヤ オースィニ

小春日和 Бабье лето バービエ リェータ

新学年の始まり Начало нового учебного года ナチャーラ ノーヴァヴァ ウチェーブナヴァ ゴーダ

知識の日 День Знании ヂェーニ ズナーニィー

四 времена ヴレミナー

- 12月 декабрь ヂカーブリ
- 11月 ноябрь ナヤーブリ
- 10月 октябрь アクチャーブリ
- сентябрь 9月 スィンチャーブリ
- август アーヴグストゥ 8月
- июль イユーリ 7月

秋 / 夏

夏休み летние каникулы リェートゥニエ カニークルィ

天気 погода パゴーダ	晴れ солнечно ソーンニチナ		
くもり пасмурно パースムゥルナ	風 ветер ヴェーチル	寒波 мороз マロース	
雨 дождь ドーシチ	かみなり гроза グラザー	寒い холодно ホーラドゥナ	暑い жарко ジャールカ
雪 снег スニェーク	霧 туман トゥマーン	涼しい прохладно プラフラードゥナ	暖かい тепло チプロー

※ ロシアは冬の寒さだけが強調され、一年中寒い国だという誤解をされがちですが、秋には紅葉も見られますし、夏はシベリヤでも+35℃以上になります。冬の期間が長いことが特徴といえるでしょう。

数字とお金 Цифры и Деньги
ツィーフルウィ イ チェーニギィー

1 один アヂン	11 один на -дцать アヂンナッツァッチ	30 тридцать トゥリッツァッチ	600 шестьсот シスソート
2 два ドゥヴァ	12 две на -дцать ドゥヴェーナッツァッチ	40 сорок ソーラク	700 семьсот スィミソート
3 три トゥリー	13 три на -дцать トゥリーナッツァッチ	50 пятьдесят ピッヂシャット	800 восемьсот ヴァスィミソート
4 четыре チトゥィリ	14 четыр на -дцать チトゥィルナッツァッチ	60 шестьдесят シッヂシャット	900 девятьсот ヂヴャッツォート
5 пять ピャーチ	15 пятна -дцать ピャトゥナッツァッチ	70 семьдесят スェーミヂシャット	1,000 тысяча トゥィシチャ
6 шесть シェスチ	16 шестна -дцать シィスナッツァッチ	80 восемьдесят ヴォースィミヂシャット	2,000 две -тысячи ドゥヴェ トゥィシチ
7 семь スェーミ	17 семна -дцать スィムナッツァッチ	90 девяносто ヂヴャノースタ	3,000 три -тысячи トゥリー トゥィシチ
8 восемь ヴォースィミ	18 восемна -дцать ヴァスィムナッツァッチ	100 сто スト―	10,000 десять -тысяч ヂェーシチ トゥィシチ
9 девять ヂェーヴィチ	19 девят на -дцать ヂヴャトゥナッツァッチ	200 двести ドゥヴェスチィ	100,000 сто -тысяч スト トゥィシチ
10 десять ヂェーシチ	20 двадцать ドゥヴァッツァッチ	300 триста トゥリースタ	1,000,000 миллион ミリオーン
		400 четыреста チトゥィリスタ	1/2 половина パラヴィーナ
		500 пятьсот ピチソート	1/3 треть トゥレーチ
			1/4 четверть チェートヴェルチ

36 ※ 分数はдве трети（ドゥヴェ トゥレーチィ 2／3）、
三 четверти（トゥリー チェートゥヴェルチィ 3／4）というふうにつくります。

数字とお金

私はロシアに ○回 来たことがあります (女)
Я приезжал в Россию
ヤー プリイジャール ヴ ラッシーユ

только раз (1回だけ) (-ла)
トーリカ ラース
2~4 раза (2~4回)
ラーザ
5≦ раз (5≦回)
ラース

序数詞 (~番目の)

1番目の первый ピョールヴィ	2番目の второй フタローイ	3番目の третий トゥレーチー	4番目の четвёртый チトゥヴョールトゥィ
5番目の пятый ピャートゥィ	6番目の шестой シィストーイ	7番目の седьмой スィヂモーイ	8番目の восьмой ヴァスィモーイ
9番目の девятый ヂヴャートゥィ	10番目の десятый ヂシャートゥィ	21番目の двадцать -первый ドゥヴァッツァッチ ピェールヴィ	176番目の сто семьдесят шестой ストー スェーミヂシャットゥ シストーイ

数詞 +ый/ий
例) 16 шестнадцать +ый
→ шестнадцатый 16番の

何番の？
который？
カトールィ

少ない мало マーラ	多い много ムノーガ	もう少し 多く чуть побольше チュッチ パボーリシェ
充分 хватит フヴァーチットゥ	もっと, 更に ещё イッショー	もう少し すくなく чуть поменьше チュッチ パミェーニシェ

50ドルを ルーブリに かえてください
Поменяйте, пожалуйста, 50 долларов на рубли.
パミニャーイチェ パジャールゥスタ ピッヂシャットゥ ドーララフ ナ ルゥブリー

これを 細かくして もらえませんか？
Вы не могли бы разменять это на мелкие купюры？
ヴゥイ ニ マグリー ブゥイ ラズミニャーチ エータ ナ メールキエ クゥピュールゥイ

買い物 Покупка
パクゥープカ

- 何をお探しですか？ **Что вы хотите?** シトー ヴィ ハチーチェ
- 何がご入り用ですか？ **Что вам?** シトー ヴァーム
- 〜はどこに売っていますか？ **Где продаётся ~ ?** グヂェー プラダヨッツァ ※1
- いや、ただ見ているだけです **Я просто смотрю.** ヤー プロースタ スマトリュー

フィルム	фотоплёнка	フォトプリョーンカ
テレフォンカード	телефонная карта	チリフォンナヤ カールタ
新聞	газета	ガゼータ
雑誌	журнал	ジュルナール
ガム	жевачка	ジヴァーチカ
アイスクリーム	мороженое	マロージナエ
傘	зонтик	ゾンチク
辞書	словарь	スラヴァーリ
封筒	конверт	カンヴェールトゥ
切手	марка	マールカ
ヴォトカ	водка	ヴォートカ
マトリョーシカ	матрёшка	マトリョーシカ
CD	компакт-диск	カンパークトゥ ディースク
映画のビデオテープ	видеокассета с фильмом	ヴィデオカセッタ ス フィーリマム
耳つき帽子	шапка-ушанка	シャープカ ウシャーンカ
ペン	ручка	ルゥーチカ
チェブラーシカのぬいぐるみ	мягкая игрушка Чебурашка	ミャーフカヤ イグルーシカ チェブラーシカ

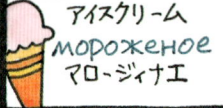

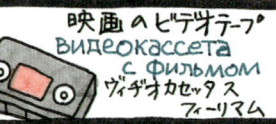

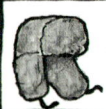

- これいくらですか？ **Сколько это стоит?** スコーリカ エータ ストーイトゥ
- 高〜い！ **Дорого!** ドーラガ
- 安くしてください **Сделайте скидку, пожалуйста.** ズヂェーライチェ スキィートクゥー パジャールスタ ※2
- これ買います **Я возьму это.** ヤー ヴァズィムー エータ
- (断るとき) ありがとう もう少し見てみます **Спасибо. Я ещё посмотрю.** スパスィーバ ヤー イッショー パスマトリュー
- クレジットカードで支払ってもいいですか？ **Можно оплатить кредитной карточкой?** モージナ アプラチーチ クレヂィトゥナイ カールタチカイ ※2
- (кредиткой) クリヂートゥカイ

38
※1 複数名詞 (очки〈アチキィ：眼鏡〉など) の場合は、「Где продаются〜 (グヂェー プラダユーッツァ〜)」となります。
※2 お店で売っているものは基本的に値切れません。市場など、自由価格で売っているところなら問題ありません。

買い物 / магазины

レジはどこですか？	Где касса?	グヂェー カーッサ
バーゲンセール	распродажа	ラスプラダージャ
商品	товары	タヴァールゥイ
売場	отдел	アッヂェール
レジ	касса	カーッサ
レジ袋	пакетик	パケッチィク
営業時間	режим работы	リジーム ラボートゥイ
営業中	открыто	アトゥクルゥイタ
閉店	закрыто	ザクルゥイタ
休けい	перерыв	ピリルゥイフ
棚卸し休業	учёт	ウチョットゥ

お店いろいろ — магазины (マガズィーヌゥイ)

デパート	универмаг	ウニヴェルマーク
本屋	книжный магазин / дом книги	クニージヌゥイ マガズィーン / ドーム クニーギィ
薬局	аптека	アプチェーカ
めがね屋	оптика	オープチィカ
スーパーマーケット	супермаркет = универсам	スゥピィル マールキットゥ / ウニヴェルサーム
ブティック	бутик	ブゥチィク
女性服の店	женская одежда	ジェンスカーヤ アヂェージダ
男性服の店	мужская одежда	ムシスカーヤ アヂェージダ
パン屋	хлеб	フレープ
電化製品	электротехника	エリィクトゥロ チェーフニカ
宝石店	ювелирный магазин	ユヴィリールヌゥイ マガズィーン
食料品店	продукты	プラドゥークトゥイ
花	цветы	ツヴィトゥイー
キオスク	киоск	キオースク

※ 看板には「〜屋」とは書いていないで、ふつう売っているものの名前を書いてあります。
※ キオスクは至るところにあって、こまごまとしたものをいろいろ売っています。日本でいう「コンビニ」でしょう。

服と色 Одежда и Цвета
アヂェージダ イ ツヴィター

着てみても いいですか？
Можно это примерить?
モージナ　エータ　プリィミェーリチ

とっても お似合いですよ
Вам очень идёт！
ヴァム　オーチン　イヂョットゥ

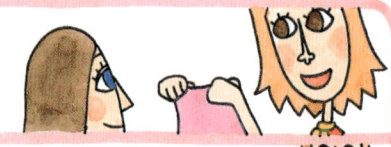

ジャケット **пиджак** ピッジャック	ワイシャツ **сорочка** サローチカ	ブラウス **блузка** ブルーースカ	ドゥブリョンカ ✲ **дублёнка** ドゥブリョーンカ
ズボン **брюки** ブリューキィ	ジャンパー **куртка** クゥールトゥカ	スカート **юбка** ユープカ	コート **пальто** パリトー
ジーンズ **джинсы** ジィーンスィ	Tシャツ **футболка** フゥドゥボールカ	ドレス **платье** プラーチエ	手袋 **перчатки** ピルチャートゥキィー
トレーナー **толстовка** タルストーフカ	セーター **свитер** スヴィーチル	タートルネック **водолазка** ヴァダラースカ	マフラー **шарф** シャルフ
スーツ **костюм** カスチューム	ネクタイ **галстук** ガールストゥク	ブリーフ **трусы** トゥルスィー	スキー帽 **шапка** シャープカ
シャツ **рубашка** ルゥバーシカ	くつ下 **носки** ナスキー	ストッキング **колготки** カルゴートゥキィー	下着 **нижнее бельё** ニージニエ ベリヨー
シルク **шёлк** ショールク	綿 **хлопок** フローパク	毛皮 **мех(а)** ミェーフ (ミハー)	皮 **кожа** コージャ
春物の **весенний** ヴィセーンニィー (ダ) ニィエ (中)	冬物の **зимний** ズィームニィー	秋物の **осенний** アスェーンニィー	夏物の **летний** リェートゥニィー

✲ **дублёнка**は、なめし革を使ったハーフコートで、毛皮を使った**шуба**（シューバ）よりは安く人気がありますが、近年普及してきた**пуховик**（プハヴィーク：ダウンジャケット）が格段に安く暖かいため、若い世代を中心に人気がでてきました。

服と色

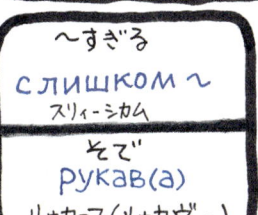

薄い, 細い	厚い	あたたかい
тоненький	**толстый**	**тёплый**
トーニェンキィー	トールストゥィ	チョープルゥィ

| いろいろな色 **цвета** ツヴィター | | 濃い **тёмно~** チョームナ | 明るい **светло~** スヴェートラ |

白い **белый** ベールゥィ	赤い **красный** クラースヌィ	オレンジ色の **оранжевый** アランジェヴゥィ	ピンク色の **розовый** ローザヴゥィ	金色の **золотой** ザラトーイ
灰色の **серый** セールゥィ	黄色い **жёлтый** ジョールトゥィ	茶色い **коричневый** カリーチニヴゥィ	ふじ色の **фиолетовый** フィアリェータヴゥィ	銀色の **серебряный** スィレーブリャンヌゥィ
黒い **чёрный** チョールヌィ	青色の **синий** スィーニィ	緑色の **зелёный** ズィリョーヌゥィ	水色の **голубой** ガルゥボーイ	銅色の **бронзовый** ブロンザヴゥィ

| 水玉模様 **в горошек** ヴ ガローシク | しま模様 **в полоску** フ パロースクゥ | 格子模様 **в клетку** フ クリェートクゥー |

~すぎる **слишком~** スリーシカム

そで **рукав(а)** ルゥカーフ (ルゥカヴァー)

| 小さい **маленький** マーリンキィー | 大きい **большой** バリショーイ | 短い **короткий** カロートゥキィー | 長い **длинный** ドゥリィンヌゥィ |

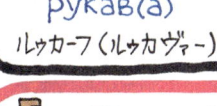

くつ **обувь** オーブゥフィ

| ブーツ **ботинки** バチンキィ | くつ (浅底の) **туфли** トゥーフリィ | ハイヒール **{высоких / низких} каблуках** ヴゥィソーキフ / ニースキフ カブルゥカーフ |
| ランニングシューズ **кроссовки** クラッソーフキィ | スポーツシューズ **кеды** ケドゥィ | ブーツ(長・防水) **сапоги** サパギー | **без каблуков** ビス カブルゥコーフ |

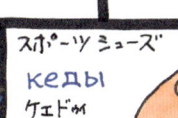

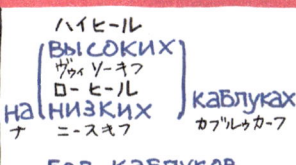

市場 Рынок

(列に並ぶ) 誰が最後ですか？
Кто последний?

私です
Я.

何にしますか？
Что вам?

肉を1キロ計ってください
Взвесьте, пожалуйста, килограмм мяса.

ほかに何か？
Что ещё?

以上です　袋に入れてください
Всё. Положите в пакетик.

| 肉 мясо | 牛 говядина | 豚 свинина | とり куриное мясо | ソーセージ колбаса |

| 卵 яйцо | チーズ сыр | 食用油 масло | バター сливочное масло |

| ヨーグルト йогурт | ケフィール кефир | スメタナ(サワークリーム) сметана | マヨネーズ майонез | ケチャップ кетчуп |

| フランスパン(バトン) батон | ブール Булка | 黒パン чёрный хлеб | 紅茶 чай | コーヒー кофе |

42　※ колбасаは日本の「ソーセージ」とはちがい、サラミに近い歯ごたえがある本格的なもの。

野菜と果物　овощи и фрукты
オーヴァシシィー イ フルークトゥィ

じゃがいも **картошка** カルトーシカ	にんじん **морковка** マルコーフカ	たまねぎ **лук** ルーク	きゅうり **огурец** アグリェーツ	トマト **помидор** パミドール
キャベツ **капуста** カプースタ	なす **баклажан** バクラジャーン	にんにく **чеснок** チィスノーク	きのこ **грибы** グリブゥィ	ピーマン **сладкий перец** スラートゥキィー ペーリィツ
りんご **яблоко** ヤーブラカ	オレンジ **апельсин** アピリスィーン	バナナ **бананы** バナーヌィ	もも **персик** ピェールスィク	すいか **арбуз** アルブゥース
パイナップル **ананас** アナナース	いちご ❋ **клубника** クルブニーカ	メロン **дыня** ドゥィニャ	ぶどう **виноград** ヴィナグラートゥ	プラム **слива** スリィーヴァ
米 **рис** リース	小麦粉 **мука** ムッカー	塩 **соль** ソーリ	砂糖 **сахар** サーハル	そばの実 **гречка** グリェーチカ

魚・海産物　рыбы・морепродукты
ルゥィブゥィ　モーリプラドゥークトゥィ

鮭 さけ **лосось** ラソースィ	鱈 たら **треска** トゥリスカー	鯖 さば **скумбрия** スクームブリヤ	鱒 ます **горбуша** ガルブーシャ	イカ **кальмар** カリマール
キャビア **чёрная икра** チョールナヤ イクラー	たらこ **тресковая икра** トゥリスコーヴァヤ イクラー	海老 **креветка** クリィヴィェートゥカ	鰯 いわし **сардина** サルチーファ	いわしの油漬け **шпроты в масле** シプロートゥィ ヴ マースリィ

❋ ロシアではいちご以外のベリー、**ягоды**(ヤーガドゥィ)をよく食べます。
家庭ではそれらを使って**пирог**(ピローク：パイ)や、**варенье**(ワレーニエ：自家製ジャム)をつくります。

43

家庭の食事 Домашний обед
ダマーシニィー アベートゥ

| 朝食
завтрак
ザーフトゥラク
朝食をとる
завтракать
ザーフトゥラカチ | 昼食
обед
アビェートゥ
昼食をとる
обедать
アビェーダチ | 夕食
ужин
ウージィン
夕食をとる
ужинать
ウージィナチ |

客に呼ばれて **В гостях**
ヴ ガスチャーフ

あぁー！なんて腹ぺこなんだ！
Ой, как я проголодался! (-лась) (タ)
オイ, カーク ヤー プラガラダールスャ ラスィ

どうぞ ここに座ってください
Садитесь, сюда, пожалуйста.
サディーチェスィ スュダー パジャールゥスタ

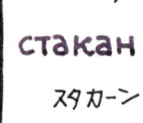

スプーン **ложка** ローシカ 	フォーク **вилка** ヴィールカ 	ナイフ **нож** ノーシ 
お皿 **тарелка** タリェールカ 	コップ **стакан** スタカーン 	テーブル **стол** ストォール 
はし(普通はつかわない) **палочки** パーラチキィ 	ナプキン **салфетка** サルフェートゥカ 	イス **стул** ストゥール 

| どうぞ
Пожалуйста
パジャールゥスタ | 召しあがれ！
Приятного аппетита！
プリヤートゥナヴァ アッピティータ |
| おいしい！
Вкусно！
フクゥースナ | おいしそうな におい
Вкусно пахнет.
フクゥースナ パーフニェットゥ |

移動 / あいさつ / 地図 / 時間 / 数字・買物 / 食事

Домашний обед

家庭の食事

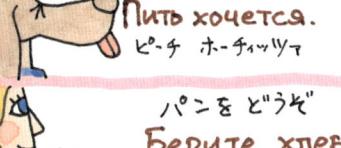

もっと いりますか？
Ещё положить？
イッショー パラジーチ

はい
Да.
ダー

いえ、ありがとう
Нет, спасибо.
ニェット スパスィーバ

満腹です
Я наелся (наелась) (女).
ヤー ナィエールスャ

食べすぎたぁ
Переел(а) (女).
ピリィエール(ラ)

お腹いっぱい
Я сыт(а) (女).
ヤー スィット(ター)

ごちそうさまでした
Спасибо.
スパスィーバ

どういたしまして
На здоровье.
ナ ズダローヴィエ

のどが渇いた
Пить хочется.
ピーチ ホーチィッツァ

お腹が減った
Есть хочется.
イエスチ ホーチィッツァ

パンをどうぞ
Берите хлеб.
ビリィーチェ フリェープ

塩をとってください
Передайте соль.
ピリダーィチェ ソーリ

乾杯！
Тост！
トーストゥ

〜に乾杯しましょう！
Выпьем за 〜！
ヴィピィエム ザ

私たちの出会いに乾杯！
За нашу встречу！
ザ ナーシュウ フストレーチュウ

あなた(方)の健康に乾杯！
За ваше здоровье！
ザ ヴァーシェ ズダローヴィエ

ご成功をお祈りして！
За ваш успех！
ザ ヴァーシ ウスピェーフ

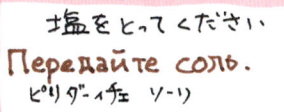

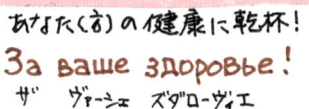

あなたに乾杯！
За вас！
ザ ヴァース

ごちそうになりました。（ごちそうになったとき、食事が終わったとき）
Спасибо за угощение.
スパスィーバ ザ ウガシェーニィエ

食事 ｜ 文化 ｜ 家・人 ｜ トラブル ｜ その他

カフェ・レストラン Кафе и Ресторан
カフェー イ リスタラーン

カフェに寄ろう！	食堂	露店・屋台	ファーストフード店
Зайдём в кафе!	столовая	ларёк	забегаловка
ザイヂョーム フ カフェー	スタローヴァヤ	ラリョーク	ザビガーラフカ

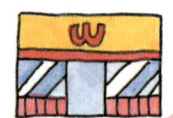

(モスクワで) シャウルマ　(ペテルブルクで) シャヴェルマ
шаурма　шаверма
シャウールマ　シャヴェールマ

ホットドッグ
хот-дог
ホットゥドック

ハンバーガー
гамбургер
ガンブゥルゲル

あつあつの ピロシキ
горячие пирожки
ガリャーチィエ ピラシキー

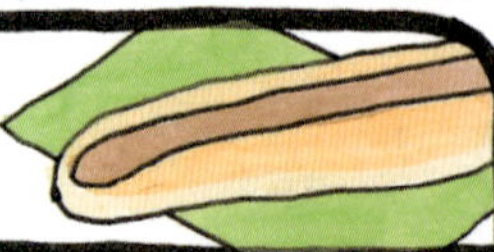

ピッツァ
пицца
ピーッツァ

サラダ
салат
サラートゥ

フライドポテト
картофель-фри
カルトーフィリ フリー

ホット チョコレート
горячий шоколад
ガリャーチィー シャカラートゥ

ミルク シェイク
молочный коктейль
マローチヌィ カクテーイリ

紅茶
чай
チャーイ

コーヒー
кофе
コーフェ

パイ
пирожок
ピラジョーク

レストランで　В ресторане
ヴ リスタラーニェ

台所・料理	ロシア料理	イタリア料理
кухня	русская кухня	итальянская кухня
クーフニャ	ルースカヤ クーフニャ	イタリヤーンスカヤ クーフニャ
日本料理	フランス料理	中華料理
японская кухня	французская кухня	китайская кухня
イポーンスカヤ クーフニャ	フランツゥースカヤ クーフニャ	キターイスカヤ クーフニャ

英語の メニューは ありますか？
У вас есть меню на английском языке?
ウ ヴァス イエスチ ミニュー ナ アングリースカム イズィケー

何が おすすめですか？
Что вы посоветуете?
シトー ヴィ パサヴェートゥイチェ

これを ください (指さしながら)
Принесите вот это.
プリニスィーチェ ヴォットゥ エータ

46

カフェ・レストラン

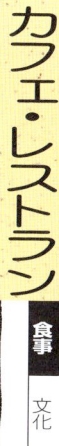

| | 食前酒
аперитив
アピリチーフ | ~前菜
закуски
ザクゥースキー
Ⅰ 冷 **холодные~**
ハロードヌゥイエ
Ⅱ 温 **горячие~**
ガリャーチエ | Ⅲ 一品目(スープ)
первые блюда
ピェルヴゥイエ ブリューダ | Ⅳ 二品目
вторые блюда
フタルゥイエ ブリューダ | ＋ つけ合わせ
гарнир
ガルニール | デザート
десерт
デッセールトゥ |

Ⅰ	きのこのマリネ **грибы маринованные** グリブゥイー マリノーヴァンヌゥイエ	ソーセージ **колбаса** カルバサー		イクラ **икра** イクラー
	魚のくんせい **копчёная рыба** カプチョーナヤ ルゥイバ		ニシン **селёдка под шубой** スィリョートゥカ パトゥ シューバイ	
Ⅱ	つぼ焼き(肉) **мясо в горшочке** ミャーサ ヴ ガルショーチケ	ロールキャベツ **голубцы** ガルプツゥイー	ピロシキ※ **пирожки** ピラシキー	ペリメニ **пельмени** ピリミェーニィー
	野菜入リシチュー **овощное рагу** アヴァシノーエ ラグゥー	ジュリエン **жульен** ジュリエン	ブリヌイ **блины** ブリヌゥイー	ワレニキ **вареники** ヴァレーニキィー
Ⅲ	キャベツのスープ **щи** シシィー	ボルシチ **борщ** ボールシシ		魚のスープ **уха** ウハー
	めん入リスープ **суп с лапшой** スゥープ ス ラプショーイ	サリャンカ **солянка** サリャーンカ		きのこのスープ **грибной суп** グリブノーイ スゥープ
Ⅳ	魚料理 **рыбные блюда** ルゥイブヌゥイエ ブリューダ	ビーフステーキ **бифштекс** ビフ シテークス		シャシリク(串焼肉) **шашлык** シャシルゥイク
	肉料理 **мясные блюда** ミスヌゥイエ ブリューダ	カツレツ **котлета** カトゥリェータ		(薄い)カツレツ **шницель** シニィーツツェリ
Ⅴ	ポテト(フライ・ピューレ) **картошка** カルトーシカ	ライス **рис** リース	グリーンピース **зелёный горошек** ズィリョーヌゥイ ガローシェク	マカロニ **макароны** マカロームゥイ

ランチメニュー **бизнес ланч** ビズネス ランチ　　　今日のメニュー **меню дня** ミニュー ドゥニャー

※ピロシキは揚げパンではない。オーブンで焼く時間も手間もかかる料理。
日本で売られている「ピロシキ」は、どちらかというと肉入りの揚げパン「ベリャーシ」に似ています。

郷土料理と酒 Местные блюда и Спиртные напитки
ミェースヌゥィエ ブリューダ イ スピルトゥヌゥィーエ ナピートゥキー

ボルシチ **Борщ** ボールシシ ビーツの赤い色が特徴。ロシアの代表的なスープ	ペリメニ **пельмени** ペリメーニィー ロシア風水ぎょうざ	ワレニキ **вареники** ヴァレーニキィー いろいろな具を入れたペリメニに似た料理	ブリヌイ **Блины** ブリヌゥィー クレープのような料理 謝肉祭のときに食べる
	アラージィ **оладьи** アラーディー 小麦粉、牛乳などでつくったパンケーキ	ヴィネグレート (ミックス・サラダ) **винегрет** ヴィネグレートゥ	
мемо	サリャンカ **солянка** サリャーンカ スパイスのきいたスープ	黒パン **чёрный хлеб** チョールヌィ フリェープ ピロシキ **пирожки** ピラシキィー	ビーフストロガノフ **вефстроганов** ビフストロガノーフ ロシアの貴族ストロガノーフが考案した料理
			ニシン **селёдка под шубой** スィリョートゥカ パト シューバイ
ベリャーシ **Беляш** ビリャーシ 油揚げ肉入りパン (日本で売られているピロシキはこれか)	酢漬けキュウリ **огурцы маринованные** アグゥルツィー マリノーヴァンヌィエ	ソーセージ **колбаса** カルバサー ソーセージというよりサラミに近い歯ごたえがある	チェブレキ **чебуреки** チブゥレキー 三角形の平たく大きな肉入り揚げパン
	イクラ **красная икра** クラースナヤ イクラー いわゆる「イクラ」	キャビア **чёрная икра** チョールナヤ イクラー 「黒い魚卵」がキャビア 値段も味もいろいろ	

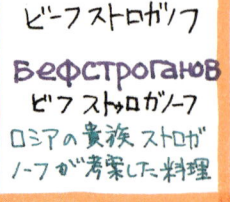

プロンビール **пломбир** プロンビール 果汁入りアイスクリーム	エスキモー **эскимо** エスキモー チョコレートがけの棒アイスクリーム	スタカーンチク **стаканчик** スタカーンチク コップ型のコーンに入ったアイスクリーム	クワス **квас** クヴァース ライ麦やリンゴを原材料としたドリンク

ヴォトカ	ワイン	ビール	地ビール
водка	**вино**	**пиво**	ジグリョーフスク・ビール
ヴォートゥカ	ヴィノー	ピーヴァ	**жигулёвское**
			ジグゥリョーフスカヤ

ポートワイン	シャンパン	果実酒	どぶろく（自家製の酒） 密造酒
порт вейн	**шампанское**	**настойка**	**самогон**
ポルトゥヴェイン	シャンパンスカヤ	ナストーイカ	サマゴーン

ヴォトカの正しい飲み方

- **закуска**（酒の肴）を用意する。ヴォトカの後に飲むジュースなどもコップに注ぐ。**водка**を小さなコップ（おちょこ）に3杯して片手に持つ。
- フッと一息ついて、一気にヴォトカをのどの奥まで流し込む。（ゴクンとしないように）
- **закуска**、もしくはジュースを口に入れる。

注) 強い酒だからといってヴォトカをちびちび飲むのは×。酔いが速くなる。マチガイ

郷土料理と酒

食事 / 文化 / 家人 / トラブル / その他

ヨールシ	**водка**と**пиво**のちゃんぽん。日本でいう「ばくだん」。まわりが速く、少量で酔えるため、金のない学生はよく飲む。しかし基本的には禁じ手。	酔っぱらい
ёрш		**пьянный**
イヨールシ		ピヤーンヌイ

ビールなしのヴォトカは金をどぶにすてるのと同じ （ヨールシに関することわざ）

Водка без пива — деньги на ветер.

ヴォートゥカ ビス ピーヴァ　チェーニギィ ナ ヴェーチル

音楽・バレエ Музыка и Балет
ムーズィカ イ バリェートゥ

クラシック音楽　Классика
クラースィカ

グリンカ 「ルスラーンとリュドミーラ」 Глинка "Руслан и Людмила" グリーンカ　ルッスラーン イ リュドゥミーラ	ムーソルグスキー 「ボリス・ゴドゥノーフ」 Мусоргский "Борис Годунов" ムーサルクスキー　バリース ガドゥノーフ
ボロディン 「イーゴリ公」 Бородин "Князь Игорь" バローヂン　クニャースィ イーガリ	チャイコーフスキー 「エヴゲーニー・オネーギン」 Чайковский "Евгений Онегин" チコーフスキー　イヴゲーニィ アネーギン "スペードの女王" "Пиковая Дама" ピーカヴァヤ ダーマ
プロコーフィエフ バレエ「ロミオとジュリエット」 Прокофьев Балет "Ромео и Джульетта" プラコーフィエフ　バレートゥ ロミオ イ ジュリエッタ	"白鳥の湖" "Лебединое Озеро" リビヂーナヤ オーゼラ
ショスタコーヴィチ 「ムツェンスク郡のマクベス夫人」 Шостакович "Леди Макбет Мценского уезда" ショスタコーヴィチ　レヂィー マークベトゥ ムツェンスカヴァ ウィエーズダ	ラフマニーノフ Рахманинов ラフマニーノフ
ストラヴィンスキー 「火の鳥」 「兵士の物語」 Стравинский "Жар птица" "История Солдата" ストゥラヴィンスキー　ジャール プチッツァ　イストーリヤ サルダータ	
作曲家 композитор カンパズィータル	指揮者 дирижёр ヂィリジョール	演奏家 исполнитель イスパニーチリ	ソリスト солист サリーストゥ

オペラ Опера オーペラ	バレエ Балет バリェートゥ	オーケストラ Оркестр アルケーストル	コンサート Концерт カンツェールトゥ	音楽院 Консерватория カンスィルヴァトーリヤ
バレリーナ Балерина バリーナ		振り付け師 Хореограф ハリオーグラフ		ニジンスキー Нижинский ニジーンスキー

アンナ・パーヴロヴァ Анна Павлова アーンナ　パーヴラヴァ	マイヤ・プリセツカヤ Майя Присецкая マーイヤ　プリスェーツカヤ
ニーナ・アナニアシヴィリ Нина Ананиашвили ニーナ　アナニア シヴィリ	ファルフ・ルジマートフ Фарух Рузиматов ファールフ　ルジマータフ

50

どんな音楽が好きですか？
Вам / Тебе какая музыка нравится?
(あなた) ヴァム / (きみ) チビェー カカーヤ ムゥーズィカ ヌラーヴィッツァ

いろいろな音楽 — разные жанры музыки
ラーズヌィエ ジャーンルィ ムゥーズィキー ♪♪♪♪

クラシック	民謡	ジャズ
классическая музыка	народная музыка	джаз
クラッスィーチスカヤ ムゥーズィカ	ナロードゥナヤ ムゥーズィカ	ドゥジャス

ロック	ポップス	ラップ	ヒップホップ	トランス
рок	попс	рэп	хип-хоп	транс
ローク	ポープス	レェップ	ヒップ ホップ	トゥラーンス

吟遊詩人 — бард = певец-поэт
バルドゥ ピヴェーツ パエートゥ ♪♪♪♪♪

Владимир Высоцкий ※	Булат Окуджава
ヴラジーミル ヴィソーツキィー	ブゥラートゥ オク ジャワ
ヴラダーミル ヴィソーツキィー	ブゥラートゥ アクゥジャーヴァ

楽器 — музыкальные инструменты
ムズィカーリヌィエ インストゥルゥミェーントゥイ

ピアノ	キーボード	ドラム
пианино / фортепиано	клавиатура	барабаны
ピアニーナ フォールテピアーノ	クラヴィアトゥーラ	バラバーヌィ

エレクトリック электрическая エリクトゥリーチスカヤ / アコースティック акустическая アクゥスチーチスカヤ	ギター гитара ギターラ	ベースギター бас гитара バス ギターラ	マイク микрофон ミクラフォーン

バラライカ	バンドゥーラ	バヤン
балалайка	бандура	баян
バララーイカ	バンドゥーラ	バヤーン

今のロシア音楽 — сегодняшняя русская музыка
スィヴォードゥニャシニャヤ ルゥースカヤ ムゥーズィカ

ムーミィ・トローリ	ゼムフィーラ	アクアリウム
Мумий-Тролль	Земфира	Аквариум
ムゥーミィ トゥローリ	ズィムフィーラ	アクヴァーリウム

ノーグゥ・スヴェロー	テキーラ・ジャズ	チチェーリナ
Ногу Свело	Tequila-Jazzz	Чичерина
ノーグゥ スヴィロー	テキーラ ドゥジャス	チチェーリィナ

マシーナ・ヴレーメニ	チーシィ カンパーニヤ	ノーチラス・ポンピリウス
Машина Времени	Чиж и С°	Наутилус Помпилиус
マシーナ ヴリェーミニィー	チーシ イ カンパーニヤ	ナウチールゥス パンピーリウス

音楽・バレエ 　 文化 | 家人 | トラブル | その他

※ ヴィソツキーは、詩人であり舞台俳優であり映画俳優でもあった、フランスのゲンズブールのようなマルチタレント。

演劇 Театр
チアートゥル

правая сторона 右側席 プラーヴァヤ スタラナー

левая сторона 左側席 リェーヴァヤ スタラナー

Балкон 4 яруса
Балкон 3 яруса
Ложи 3 яруса / Балкон 2 яруса / Ложи 3 яруса
Ложи 2 яруса / Балкон 1 яруса / Ложи 2 яруса
Ложи 1 яруса / бель-этаж / Ложи 1 яруса
Ложи бельэтажа / партер / Ложи бельэтажа

1 1階席 партер パルテール	2 1階後方席 амфитеатр アンフィチアートル	3 2階特等席 бельэтаж ビリエターシ	4 正面席 балкон バルコーン	5 ボックス ложа ロージャ
6 桟敷席 бенуар ビヌアール	～階 ～ яруса ヤールゥサ	臨時増設席（当日席）приставные места プリスターヴヌゥイエ ミスター		はずれ席(後ろの) галёрка ガリョールカ
～列目 ряд ～ リャートゥ	～番(席)※ место ～ ミェースタ	例） 2階ボックス席 2列目 4番席 ложа 2 яруса ряд 2 место 4 ロージャ フタローヴァ ヤールゥサ リャートゥ フタローイ ミェースタ チトゥヴョールタヤ		
舞台 сцена スツェーナ	幕 занавес ザーナヴィス	クローク гардероб ガルヂローブ	ロビー фойе フォイエ	座席案内係 билетёр ビリチョール

プログラム программка プラグラームカ

オペラグラス бинокль ビノークリ

開演 начало спектакля ナチャーラ スピクタークリャ

ブラヴォー！ Браво! ブラーヴォー

花束 букет цветов ブケートゥ ツヴィトーフ

終わり конец カニェーツ

幕間 антракт アントゥラクト

※ ボリショイ劇場のような大きな劇場では、ボックス席の区切りに место を使い、「席」には кресло（クレースラ）という言葉を使うこともあります。

どんな俳優が好きですか？	女優
Какой актёр вам нравится?	актриса
カコーイ アクチョール ヴァム (тебе) ヌラーヴィッツァ チビェー	アクトゥリーサ
	(複)актёры
	アクチョールィ

Олег Табаков オレーグ・タバコーフ アレーク タバコーフ	Людмила Гурченко リュドミーラ・グールチェンコ リュドゥミーラ グールチェンコ
Игорь Косталевский イーゴリ・コスタレーフスキー イーガリ カスタリェーフスキー	Маргарита Терехова マルガリータ・テレホヴァ マルガリータ チェーレハヴァ
Дмитрий Певцов ドミートリー・ペフツォーフ ドゥミトゥリー ピフツォーフ	Инна Чурикова インナ・チューリコヴァ イーンナ チューリカヴァ
Сергей Безруков セルゲイ・ベズルーコフ スィルゲーイ ビズルゥーカフ	Марина Зудина マリーナ・ズージナ マリーナ ズゥーヂナ
Евгений Миронов エフゲニー・ミローノフ イヴゲーニー ミローナフ	Чулпан Хаматова チュルパン・ハマートヴァ チュルパン ハマートヴァ
Лев Дуров レフ・ドゥーロフ リェーフ ドゥーロフ	Елена Захарова エレーナ・ザハーロヴァ イリェーナ ザハーロヴァ

演劇

演出 постановка パスタノーフカ	シナリオ・台本 сценарий スツィナーリィ	舞台監督 режиссёр リジッショール	登場人物 действующие лица ヂェーストヴュユシシェ リーッツァ
役者 исполнитель イスパァニーチェリ	役 роль ローリ	2幕の劇 пьеса в 2-х действиях ピエーサ ヴドゥヴーフ ヂェーストヴィヤフ	衣裳 костюм カスチューム

"〜"のチケットはどんな席が残っていますか？ (〜→劇の名前)
Какие билеты у вас остались на спектакль "〜"?
カキーエ ビリェートゥイ ウ ヴァス アスターリスィ ナ スピクタークリ

どの劇がおすすめですか？
Какой спектакль вы рекомендуете?
カコーイ スピクタークリ ヴィ リカミンドゥーエチェ

この劇のチケット2枚ください
Дайте 2 билета на этот спектакль.
ダイチェ ドゥヴァ ビリェータ ナ エータットゥ スピクタークリ

ロシア文学 Русская литература
ルゥースカヤ リチラトゥーラ

どんな作家が好きですか？（君）
Какой писатель вам (тебе) нравится?
カコーイ ピサーチリ ヴァム（チビェー） ヌラーヴィッツァ

今どんな作家がロシアでは人気ですか？
Какие писатели сейчас популярны в России?
カキーエ ピサーチリィー スィチャース パプゥリャールヌィ ザ ラスィー

クラシック文学 Классическая литература
クラッスィーチスカヤ リチラトゥーラ

アレクサンドル・セルゲーエヴィチ・プーシキン 「エフゲニー・オネーギン」
Александр Сергеевич Пушкин "Евгений Онегин"
アリクサーンドゥル スェルゲーエヴィチ プゥーシキン イヴゲーニィー アネーギン

「スペードの女王」 「ボリス・ゴドゥノフ」 「ルスランとリュドミラ」
"Пиковая Дама" "Борис Годунов" "Руслан и Людмила"
ピーカヴァヤ ダーマ バリース ガドゥノーフ ルゥスラーン イ リュドゥミーラ

ニコライ・ワシーリエヴィチ・ゴーゴリ 「鼻」「外套」「検察官」
Николай Васильевич Гоголь "Нос" "Шинель" "Ревизор"
ニカラーイ ヴァスィーリエヴィチ ゴーガリ ノース シニェーリ リヴィゾール

ミハイル・ユーリエヴィチ・レールモントフ 「死せる魂」
Михаил Юрьевич Лермонтов "Мёртвые Души"
ミハイール ユーリエヴィチ リェールマントフ ミョールトゥヴィエ ドゥシー

イヴァン・セルゲーエヴィチ・トゥルゲーネフ 「猟人日記」 「父と子」
Иван Сергеевич Тургенев "Записки Охотника" "Отцы и Дети"
イヴァン セルゲーヴィチ トゥルゲーニェフ ザピースキィー アホートニカ アッツィー イ ヂェーチィー

イヴァン・アレクサンドロヴィチ・ゴンチャロフ 「オブローモフ」
Иван Александрович Гончаров "Обломов"
イヴァン アリクサンドゥロヴィチ ガンチャローフ アブローモフ

フョードル・ミハイロヴィチ・ドストエフスキー 「白痴」「悪霊」
Фёдор Михайлович Достоевский "Идиот" "Бесы"
フョードル ミハイラヴィチ ダスタイエーフスキー イヂオットゥ ベースィ

「カラマーゾフの兄弟」 「罪と罰」
"Братья Карамазовы" "Преступление и Наказание"
ブラーチャ カラマーザヴィ プリストゥプリェーニエ イ ナカザーニエ

アントン・パーブロヴィチ・チェーホフ 「桜の園」 「三人姉妹」 「かもめ」
Антон Павлович Чехов "Вишнёвый Сад" "Три Сёстры" "Чайка"
アントン パーヴラヴィチ チェーホフ ヴィシニョーヴィ サートゥ トゥリー ショーストルィ チャーイカ

移動 | あいさつ | 地図 | 時間 | 数字 | 買物 | 食事 | 文化
Русская литература

ロシア文学

Лев Николаевич Толстой (レフ・ニコラエヴィチ・トルストーイ) — リェーフ ニカラーエヴィチ タルストーイ

「**Анна Каренина**」(「アンナ・カレーニナ」) — アンナ カレーニナ

「**Война и Мир**」(「戦争と平和」) — ヴァイナー イ ミール
「**Крейцерова Соната**」(「クロイツェル・ソナタ」) — クレイツェラヴァ サナータ
「**Воскресение**」(「復活」) — ヴァスクリスェーニエ

Михаил Афанасьевич Булгаков (ミハイル・アファナーシエヴィチ・ブルガーコフ) — ミハイール アファナースィエヴィチ ブルガーカフ

「**Мастер и Маргарита**」(「巨匠とマルガリータ」) — マースチル イ マルガリータ
「**Белая Гвардия**」(「白衛軍」) — ベーラヤ グヴァールヂヤ

長編小説	中編	短編	詩	散文詩	韻
роман	повесть	рассказ	поэзия	проза	рифма
ラマーン	ポーヴィスチ	ラッスカース	パエーズィヤ	プローザ	リーフマ

詩人 поэты (パエートゥイ)

Иван Алексеевич Бунин (イヴァン・アレクセーエヴィチ・ブーニン) — イヴァン アリクスェーエヴィチ ブーニン

Александр Александрович Блок (アレクサンドル・アレクサンドロヴィチ・ブローク) — アリクサーンドル アリクサーンドロヴィチ ブローク

Владимир Владимирович Маяковский (ウラジーミル・ウラジーミロヴィチ・マヤコフスキー) — ヴラヂーミル ヴラヂーミロヴィチ マヤコーフスキー

Сергей Александрович Есенин (セルゲイ・アレクサンドロヴィチ・エセーニン) — スィルゲーイ アリクサーンドロヴィチ イスェーニン

Андрей Белый (アンドレイ・ベールイ〈ペンネーム〉) — アンドゥレーイ ベールィ

Осип Эмильевич Мандельштам (オシップ・エミーリエヴィチ・マンデリシターム) — オスィップ エミーリエヴィチ マンデリシターム

Анна Андреевна Ахматова (アンナ・アンドレーエヴナ・アフマートヴァ) — アーンナ アンドゥレーエヴナ アフマートヴァ

Владимир Семенович Высоцкий (ウラジーミル・セミョーノヴィチ・ヴィソーツキー) — ヴラヂーミル スィミョーノヴィチ ヴィソーツキー

Марина Ивановна Цветаева (マリーナ・イヴァーノヴナ・ツヴェターエヴァ) — マリーナ イヴァーノヴナ ツヴィターエヴァ

Иосиф Александрович Бродский (ヨシフ・アレクサンドロヴィチ・ブロツキー) — イオーシフ アリクサーンドロヴィチ ブロースキー

今日の作家 сегодняшние писатели (スィヴォードニャシニエ ピサーチリ)

Борис Акунин (ボリス・アクーニン)〈ペンネーム〉 — バリース アクゥーニン

Татьяна Толстая (タチヤーナ・トルスターヤ) — タチヤーナ タルスターヤ

Виктор Пелевин (ヴィクトル・ペレーヴィン) — ヴィークタル ピレーヴィン

Владимир Сорокин (ウラジーミル・ソローキン) — ヴラヂーミル サローキン

文化 | 家人 | トラブル | その他

ロシア映画 Русская кинематография
ルースカヤ キネマトゥグラーフィヤ

ロシア映画界にあなたのお気にいりはいますか？
У вас есть кумиры в русской кинематографии?
ウ ヴァス イエスチ クミーリィ ヴ ルースカイ キネマタグラーフィー

アンドレイ・タルコフスキー 監督 「ストーカー」「ソラリス」「鏡」
Андрей Тарковский "Сталкер" "Солярис" "Зеркало"
アンドゥレイ タルコーフスキー スタルケル サリャーリス ズィエールカラ

ニキータ・ミハルコフ 監督 「シベリヤの理髪師」
Никита Михалков "Сибирский Цирюльник"
ニキータ ミハルコーフ スィビールスキー ツュリューリニク

エリダール・リャザーノフ 監督 「職場恋愛」「運命の皮肉」
Эльдар Рязанов "Служебный Роман" "Ирония Судьбы или с лёгким паром"
エリダール リザーノフ スルゥジェーブヌィ ラマーン イローニヤ スゥジブィ イリ スリョーフキム パーラム

アレクサンドル・ロゴージキン 監督 「国民的狩猟の特徴」
Александр Рогожкин "Особенности Национальной Охоты"
アリクサーンドゥル ラゴージキン アソーベンナスティ ナツィアナーリナイ アホートゥイ

アレクセイ・バラバーノフ 「ブラザー」「ブラザー2」「フリークスも人間も」
Алексей Балабанов "Брат" "2" "Про уродов и людей"
アリクセーイ バラバーノフ ブラートゥ ブラートゥドゥヴァー プラ ウローダヴ イ リュジェーイ

セルゲイ・ボドロフ 「コーカサスの虜」
Сергей Бодров "Кавказский Пленник"
スィルゲーイ バドゥローフ カフカースキー プリェーンニク

レオニード・ガイダーイ 「ダイヤの腕」 「イヴァン・ヴァシーリエヴィチ職を変える」
Леонид Гайдай "Бриллиантовая Рука" "Иван Васильевич меняет профессию"
リアニートゥ ガイダーイ ブリリアントヴァヤ ルゥカー イヴァン ヴァスィーリエヴィチ ミニェーエトゥ プラフェッシィユ

ヴァレーリィ・トドロフスキー 「ろうあの国」 キーラ・ムラートヴァ 「長い見送り」
Валерий Тодоровский "Страна глухих" Кира Муратова "Долгие проводы"
ヴァレーリィ トドローフスキー ストゥラナー グルゥヒーフ キーラ ムラートヴァ ドールギィエ プロヴォドゥィ

アレクサンドル・ソクーロフ 「モレク神」「牡牛座」 パーヴェル・チュフライ 「泥棒」
Александр Сокуров "Молох" "Телец" Павел Чухрай "Вор"
アリクサーンドゥル サクーロフ モーラフ テレーツ パーヴェル チュフラーイ ヴォール

ゲオルギー・ダネリヤ 「秋のマラソン」 「キン・ザ・ザ」
Георгий Данелия "Осенний Марафон" "Кин-Дза-Дза"
ギオールギー ダネーリヤ アスェーンニィ マラフォーン キン ザ ザ

ウラジーミル・メニショフ 「モスクワは涙を信じない」
Владимир Меньшов "Москва слезам не верит"
ヴラヂーミル メニショーフ マスクヴァー スリザーム ニ ヴェーリト

56

ロシア映画

~映画 ~фильмы (フィーリムィ)

国産 отечественные (アチェーチストゥヴェンヌィエ)	ヨーロッパ европейские (イヴラピェースキエ)	アジア азиатские (アズィアーツキエ)	ハリウッド голливудские (ガーリヴゥーツキエ)
モスフィルム Мосфильм (モスフィーリム)	レンフィルム Ленфильм (リェンフィーリム)	映画博物館 Музей кино (ムゼーイ キノー)	映画館 кинотеатр (キノチアートゥル)
映画祭 кинофестиваль (キノフェスチヴァーリ)	キノタウル "Кинотавр" (キノターヴル)	ニカ "Ника" (ニーカ)	~賞受賞者 лауреат премии~ (ラウリアートゥ プレーミィ)

オレーグ・メーニシコフ Олег Меньшиков (アリェーク メーニシィカフ)	ウラジーミル・マシコフ Владимир Машков (ヴラヂーミル マシィコーフ)	セルゲイ・ボドロフ・ジュニア Сергей Бодров мл. (スィルゲーイ ボドローフ ムラートシィ)
アンドレイ・ミャフコーフ Андрей Мягков (アンドゥレーイ ミャフコーフ)	アレクセイ・バタロフ Алексей Баталов (アリクスェーイ ベタロフ)	オレーグ・ヤンコフスキー Олег Янковский (アリェーク ヤンコーフスキー)
チュルパン・ハマートヴァ Чулпан Хаматова (チュルパン ハマートヴァ)	アリーサ・フレインドリフ Алиса Фрейндлих (アリーサ フレインドゥリフ)	イリーナ・クプチェンコ Ирина Купченко (イリーナ クープチェンカ)
マリーナ・ネーヨロヴァ Марина Неёлова (マリーナ ネーヨロヴァ)	エレーナ・サフォーノヴァ Елена Сафонова (イリェーナ サフォーノヴァ)	リーヤ・アヘジャコーヴァ Лия Ахеджакова (リーヤ アヘッジャユーヴァ)

クラシック映画 классика / советское кино (クラッスィカ / サヴェーツカエ キノー)

「戦争と平和」 "Война и Мир" (ヴィナー イ ミール)	「アンナ・カレーニナ」 "Анна Каренина" (アーンナ カレーニナ)	「ワーニャ伯父さん」 "Дядя Ваня" (ヂャーヂャ ヴァーニャ)	「12脚の椅子」 "12 стульев" (ドゥヴィナーツッツァチ ストゥーリエフ)
「モスクワを行く」 "Я шагаю по Москве" (ヤー シガーユ パ マスクヴェー)	「ふたりの駅」 "Вокзал для двоих" (ヴァグザール ドゥリャ ドヴァイーフ)	「パクロフスキー門」 "Покровские ворота" (パクローフスキエ ヴァロータ)	
「カフカースの女虜」 "Кавказская пленница" (カフカーススカヤ プリェーンニッツァ)	「待ち合わせ場所を変えるな」 "Место встречи изменить нельзя" (ミェースタ フストゥレーチィ イズミニーチ ニリズャー)		

アニメ映画 мультфильмы = мультики (ムゥリトフィリムィ = ムゥリチキィ)

「チェブラーシカ」 "Чебурашка" (チブラーシカ)	「クマのプーさん」 "Винни-Пух" (ヴィニー プーフ)	「ぼうやとカールソン」 "Малыш и Карлсон" (マールィシ イ カールルソン)
ユーリー・ノールシテイン Юрий Норштейн (ユーリー ノールシテイン)	「霧の中のハリネズミ」 "Ёжик в тумане" (ヨージク フ トゥマーニェ)	「話の話」 "Сказка сказок" (スカースカ スカーザク) / 「外套」 "Шинель" (シィニェーリ)

57

美術館・博物館　Музей
ムゥゼーイ

カッサで
ロシア人料金、外国人料金、学生料金などいろいろある。

大人1枚
Один взрослый.
アヂン　ヴズロースルィ

うまく言えると、ロシア人料金で入れます。発音が悪かったり、外国人らしいと×。

荷物預り所
Камера хранения
カメラ　フラネーニヤ

荷物は、大きいものは預り所へ。引き換え券を忘れずに。冬はクロークに上着を預け、雪の季節は靴にカバーをつけて展示室へ入る。

ロシア美術館	エルミタージュ	トレチャコーフ美術館
Русский Музей ルゥースキー ムゥズェイ	**Эрмитаж** エルミターシ	**Третьяковская Галерея** トゥリチコーフスカヤ ガリルーヤ

展示品(複)	展覧会	彫刻
экспонат(ы) エクスパナートゥ(トゥイ)	**выставка** ヴィスタフカ	**скульптура** スクリプトゥーラ
絵 **картина** カルチーナ	絵画 **живопись** ジーヴァピスィ	イコン **икона** イコーナ
肖像画 **портрет** パルトゥリエートゥ	風景画 **пейзаж** ピイザーシ	傑作 **шедевр** シィチェーヴル	展示室 **зал** ザール
画家 **художник** フゥドージニク	彫刻家 **скульптор** スクゥーリプタル	建築家 **архитектор** アルヒチェークタル
カンバス **холст** ホールストゥ	紙 **бумага** ブゥマーガ	カートン **картон** カルトーン	木 **дерево** チェーレヴァ	テンペラ **темпера** テーンピラ	油絵具 **масло** マースラ
鉛筆 **карандаш** カランダーシ	木炭 **уголь** ウーガリ	パステル **пастель** パステーリ	グワッシュ **гуашь** グゥアーシ	水彩絵具 **акварель** アクヴァレーリ

アンドレイ・ルブリョーフ	イコン画家	「三位一体」
Андрей Рублёв	иконописец	"Тройца"
アンドゥレーイ ルブリョーフ	イコナピーセツ	トゥローイッツァ
移動展派	シンボリスト	前衛派(アヴァンギャルド)
Передвижники	символисты	авангардисты
ピリドゥヴィージニキィ	スィンヴァリィーストゥイ	アヴァンガルディーストゥイ

イリヤ・レーピン	「ヴォルガの舟ひき」	「トレチャコーフの肖像」
Илья Репин	"Бурлаки на Волге"	"портрет П.М.Третьякова"
イリヤー レーピン	ブゥルラキィー ナ ヴォールゲ	ペルトゥレートゥ トゥレチャコーヴァ

「イワン雷帝とその息子イワン」
"Иван Грозный и сын его Иван 16 ноября 1581 года"
イヴァン グローズヌィ イ スィン イヴォー イヴァン シスナーッツァタヴァ ナヤヴリャー ~(略).

クラムスコーイ	「砂漠のキリスト」	アイヴァゾーフスキー(海洋画家)
И.Крамской	"Христос в пустыне"	И.Айвазовский
クラムスコーイ	フリストース フプストゥィニェ	アイヴァゾーフスキー

ゲー	「ゴルゴダへの丘」	レヴィタン	「黄金の秋」
Н.Ге	"Голгофа"	И.Левитан	"Золотая Осень"
ゲー	ガルゴーファ	レヴィターン	ザラターヤ オースィニ

セローフ	シーシキン	ヴェレシャーギン	スーリコフ
В.Серов	И.Шишкин	В.Верещагин	В.Суриков
スィローフ	シィーシキン	ヴィリシャーギン	スゥーリカフ

ヴルーベリ 「鎮座せるデーモン」	マルク・シャガール	「町の上を」
М.Врубель "Демон сидящий"	Марк Шагал	"Над городом"
ヴルゥービリ チェーモン スィチャーシシィー	マールク シャガール	ナトゥ ゴーラダム

カンディンスキー 「コンポジションNo.7」	マレーヴィチ	「黒い正方形」
В.Кандинский "Композиция №7"	К.Малевич	"Черный квадрат"
カンヂーンスキー カンパズィーツィヤ ノーミェルスェーミ	マリェーヴィチ	チョールヌィ クヴァドゥラート

ロトチェンコ	ポポーヴァ	イリヤ・カバコフ
А.Родченко	Л.Попова	Илья Кабаков
ロトゥチェーンコ	ポポーヴァ	イリヤー カバコーフ

美術館・博物館

59

スポーツ Спорт
スポールトゥ

サッカー ФУТБОЛ フゥドゥボール	(サッカーの)ロシア代表チーム Сборная команда России (по футболу) ズボールナヤ カマーンダ ラッスィー (パ フゥドゥボールゥ)	サッカーチーム ФУТБОЛЬНЫЙ КЛУБ フゥドゥボーリヌィ クルーブ

スパルターク Спартак スパルターク	ロコモチーフ Локомотив ラカマチーフ	トルペド Торпедо タルピェード	ゼニット Зенит ゼニートゥ	ディナモ Динамо ディナーモ
監督 тренер ドゥレーニル Олег Романцев オレーグ ロマンツェフ アリェーク ラマンツェフ	選手 игрок(и) イグローク (イグラキー)	FW нападающий ナパダーユシィー	MF полузащитник ポルザッシィートゥニク	DF защитник ザッシィートゥニク
ゴールキーパー вратарь ヴラターリ	ゴール ворота ヴァロータ	ゴールポスト штанга シターンガ	ボール мяч ミャーチ	スタジアム стадион スタヂオーン
サッカーの試合 футбольный матч フゥドゥボーリヌィ マッチ	ホームチーム хозяева поля ハズャーイヴァ ポーリャ	アウェーチーム гости ゴースチィー	ユニフォーム униформа ウニフォールマ	審判 судья スゥヂヤー

UEFAカップ Кубок УЕФА クーバク ウエファー	チャンピオンズリーグ Лига чемпионов リーガ チンピオーナフ	ワールドカップ Чемпионат мира チンピアナートゥ ミーラ	ロシア国内リーグ Чемпионат России チンピアナートゥ ラッスィー
決勝 финал フィナール 準決勝 полуфинал ポゥフィナール 準々決勝 четвертьфинал チェートゥヴルチフィナール	勝利 победа パベーダ	敗北 поражение パラジェーニエ	引き分け ничья ニチヤー
	~のスコアで по счёту ~ パ シショットゥ	フリーキック штрафной удар シトラフノーイ ウダル	~の応援をする болеть за ~ バリェーチ ザ

今どの選手（チーム）が選手権のトップですか？
Кто сейчас лидирует в чемпионате?
クトー スィチャース リヂールウィトゥ フ チンピアナーチェ
(Какая команда)
カカーヤ カマーンダ

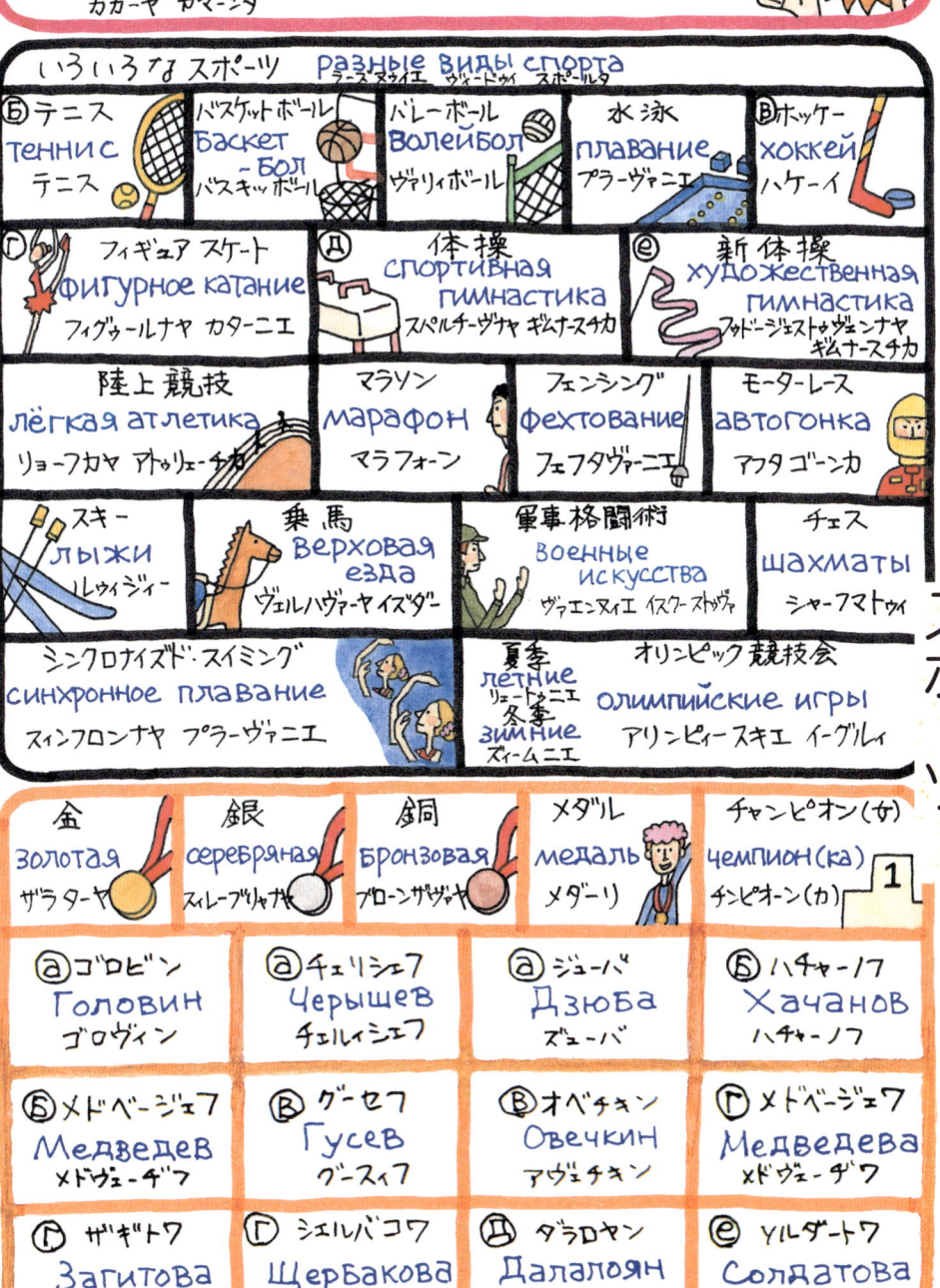

いろいろなスポーツ / Разные виды спорта
ラーズヌィエ ヴィードゥイ スポールタ

ⓑ テニス теннис テニス	バスケットボール баскет-бол バスキッボール	バレーボール волейбол ヴァリィボール	水泳 плавание プラーヴァニエ	ⓑ ホッケー хоккей ハケーイ
ⓖ フィギュアスケート фигурное катание フィグーールナヤ カターニエ	ⓓ 体操 спортивная гимнастика スパルチーヴナヤ ギムナースチカ		ⓔ 新体操 художественная гимнастика フダージェストゥヴェンナヤ ギムナースチカ	
陸上競技 лёгкая атлетика リョーフカヤ アトゥリェーチカ	マラソン марафон マラフォーン	フェンシング фехтование フェフタヴァーニエ	モーターレース автогонка アフタゴーンカ	
スキー лыжи ルィジー	乗馬 верховая езда ヴェルハヴァーヤ イズダー	軍事格闘術 военные искусства ヴァエンヌィエ イスクーストヴァ		チェス шахматы シャーフマトゥィ
シンクロナイズド・スイミング синхронное плавание スィンフロンナヤ プラーヴァニエ	夏季 летние リェートニエ 冬季 зимние ズィームニエ オリンピック競技会 олимпийские игры アリンピーィスキエ イーグルィ			

スポーツ

金 золотая ザラターヤ	銀 серебряная スィレーブリャナヤ	銅 бронзовая ブロンザヴァヤ	メダル медаль メダーリ	チャンピオン(女) чемпион(ка) チンピオーン(カ)
ⓐ ゴロビン Головин ゴロヴィン	ⓐ チェリシェフ Черышев チェルィシェフ	ⓐ ジューバ Дзюба ズューバ	ⓑ ハチャノフ Хачанов ハチャーノフ	
ⓑ メドベージェフ Медведев メドヴェーヂフ	ⓑ グーセフ Гусев グースィフ	ⓑ オベチキン Овечкин アヴェチキン	ⓖ メドベージェワ Медведева メドヴェーヂワ	
ⓖ ザギトワ Загитова ザギートヮ	ⓖ シェルバコワ Щербакова シェルバコーワ	ⓓ ダラロヤン Далалоян ダラロヤン	ⓔ ソルダートワ Солдатова サルダートワ	

ⓐサッカー ⓑテニス ⓑホッケー ⓖフィギュアスケート ⓓ体操 ⓔ新体操

文化 / 家人 / トラブル / その他

家・住宅 Дом и Квартира
ドーム イ クヴァルチーラ

縦書き側見出し: 移動／あいさつ／地図／時間／数字・買物／食事／文化／家・人

家・建物	棟	共用玄関口	アパート ※
дом ドーム	корпус コールプゥス	подъезд パドゥイエストゥ	квартира クヴァルチーラ
多層住宅	5階建て		パネル造りの家
многоэтажка ムナガエターシカ	пятиэтажка ピチィエターシカ		панельный дом パネーリヌゥィ ドーム
階	○階に		れんが造りの家
этаж エターシ	на ○-ом этаже ナ ○ォーム エタジェー		кирпичный дом キルピーチヌゥィ ドーム
階段	エレベーター		スウィッチ
лестница リェースニッツァ	лифт リィーフトゥ		кнопка クノープカ
ブザー	ダストシュート		駐車場
звонок ズヴァノーク	мусоропровод ムーサラ プラヴォートゥ		автостоянка アフタ スタヤーンカ
まど (複)		バルコニー	ガレージ
окно アクノー окна オークナ		балкон バルコン	гараж ガラーシ

※ ロシアでは団地タイプのアパートが標準的な住宅。一軒家は田舎に行かないとありません。дача（ダーチャ：別荘）を持っている家庭も多いですが、これは基本的に夏の間に огород（アガロートゥ：家庭菜園）を営んだり休暇を過ごす場所で、住居ではありません。

家・住宅

部屋 / комната (コームナタ)

- 天井 / потолок (パタローク)
- 天井照明 / люстра (リュースタラ)
- 時計 / часы (チッスィ)
- ドア / дверь (ドヴェーリ)
- 戸棚 / шкаф (シカーフ)
- バルコニー / балкон (バッコーン)
- 壁 / стена (スチナー)
- 鏡 / зеркало (ズィェールカラ)
- テレビ / телевизор (チリヴィーザル)
- ※1 セントラル・ヒーティング / центральное отопление (ツェントラーリナヤ アダプリェーニエ)
- ソファ / диван (ディヴァーン)
- 床 / пол (ポール)
- じゅうたん / ковёр (カヴョール)
- ベッド / кровать (クラヴァーチ)
- （携帯）電話 ※2 / (мобильный) телефон ((マビーリヌィ) チリフォーン)
- いす / стул (ストゥール)
- バスルーム / ванна(я) (ヴァーンナ(ヤ))
- 客間 / гостиная (ガスチーナヤ)
- キッチンルーム / кухня (クーフニャ)

家人 / その他 — トラブル

- 小窓 / форточка (フォルタチカ)
- ガスコンロ / газовая плита (ガーザヴァヤ プリター)
- 電気コンロ / электрическая плита (エリクトゥリーチスカヤ プリター)
- 電子レンジ / микроволновка (ミクラヴァルノーフカ)
- 冷凍庫 / морозильник (マラズィーリニク)
- 冷蔵庫 / холодильник (ハラディーリニク)
- オーブン / духовка (ドゥホーフカ)
- (背もたれなしの)いす / табуретка (タブリェートゥカ)
- テーブル / стол (ストール)
- シンク / раковина (ラーカヴィナ)

※1 窓は二重窓で、窓の下にはふつうセントラルヒーティングの暖房器があります。
※2 携帯電話は俗にмобильник(マビーリニク)と呼ばれます。

63

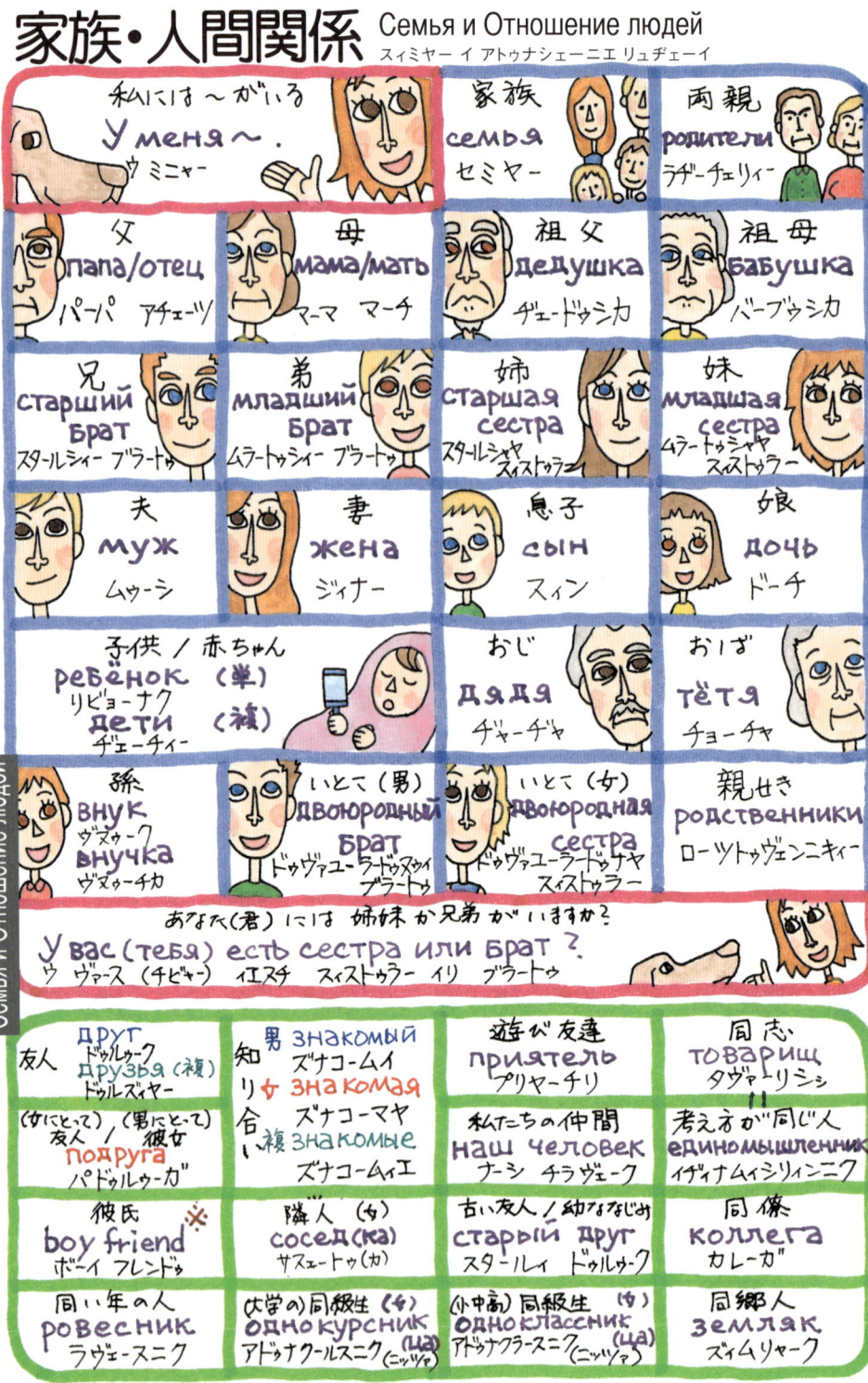

家族・人間関係 Семья и Отношение людей
スィミヤー イ アトナシェーニエ リュヂェーイ

私には〜がいる **У меня〜.** ウ ミニャー	家族 **семья** セミヤー	両親 **родители** ラヂーチェリィー

父 **папа/отец** パーパ アチェーツ	母 **мама/мать** マーマ マーチ	祖父 **дедушка** ヂェードゥシカ	祖母 **бабушка** バーブシカ
兄 **старший брат** スタールシィー ブラートゥ	弟 **младший брат** ムラートゥシィー ブラートゥ	姉 **старшая сестра** スタールシャヤ スィストゥラー	妹 **младшая сестра** ムラートゥシャヤ スィストゥラー
夫 **муж** ムーシ	妻 **жена** ジナー	息子 **сын** スィン	娘 **дочь** ドーチ
子供／赤ちゃん **ребёнок** (単) リビョーナク **дети** (複) ヂェーチィー		おじ **дядя** ヂャーヂャ	おば **тётя** チョーチャ
孫 **внук** ヴヌーク **внучка** ヴヌーチカ	いとこ(男) **двоюродный брат** ドゥヴァユー ラドゥヌィ ブラートゥ	いとこ(女) **двоюродная сестра** ドゥヴァユーラードゥナヤ スィストゥラー	親せき **родственники** ローツトゥヴェンニキィー

あなた(君)には 姉妹か兄弟がいますか？ **У вас (тебя) есть сестра или брат?** ウ ヴァース (チビャー) イェスチ スィストゥラー イリ ブラートゥ

友人 **друг** ドゥルーク **друзья** (複) ドゥルズィヤー	男 **знакомый** ズナコームイ 知り 合 女 **знакомая** ズナコーマヤ い 複 **знакомые** ズナコームィエ	遊び友達 **приятель** プリヤーチリ	同志 **товарищ** タヴァーリシシ
(女にとって)／(男にとって) 彼女 友人 **подруга** パドゥルーガ		私たちの仲間 **наш человек** ナーシ チラヴェーク	考えが同じ人 **единомышленник** イヂナムィシリィンニーク
彼氏 ※ **boy friend** ボーイ フレンドゥ	隣人 (女) **сосед(ка)** サスェートゥ(カ)	古い友人／幼なじみ **старый друг** スタールイ ドゥルーク	同僚 **коллега** カレーガ
同い年の人 **ровесник** ラヴェースニク	(大学の)同級生 (女) **однокурсник** (ца) アドゥナクールスニク (ニッツァ)	(小中高)同級生 (女) **одноклассник** (ца) アドゥナクラースニク (ニッツァ)	同郷人 **земляк** ズィムリャーク

※ ロシア語には「彼氏」という単語が存在しません。boy friendや、свой парень(スヴォーイ パーリニ)といった言葉を使うことはありますが、完全に「彼氏」という意味の確固たる言葉はないのです。

私の	君の	彼の 彼女の	私たちの	あなたの/あなたがたの	彼らの
男 Мой モイ	Твой トゥヴォーイ	Его Её イヴォー イヨー	Наш ナーシ	Ваш ヴァーシ	Их イフ
女 Моя マヤー	Твоя トゥヴァヤー		Наша ナーシャ	Ваша ヴァーシャ	
複 Мои マイー	Твои トゥヴァイー		Наши ナーシィー	Ваши ヴァーシィー	

これは私の兄弟です こちらは私の母です
Это мой брат. А это моя мама.
エータ モイ ブラートゥ ア エータ マヤー マーマ

私たちは一緒に住んでいます
Мы живём вместе.
ムィ ジヴョーム ヴミェースチェ

私は既婚者です (でない)（男）
Я (не) женат.
ヤー (ニ) ジナートゥ

私は既婚者です (でない)（女）
Я (не) замужем.
ヤー (ニ) ザームジェム

私は独身です
Я холост.
ヤー ホーラストゥ

私は離婚者です（男）
Я разведён.
ヤー ラズヴィヂョーン

私は離婚者です（女）
Я разведена.
ヤー ラズヴィディナー

離婚
развод
ラズヴォートゥ

恋人同士
влюблённые
ヴリュブリョーンヌィエ

私たちは別れました
Мы расстались.
ムィ ラススターリスィ

彼女にほれちゃった！
Я влюбился в неё!
ヤー ヴリュビールスャ ヴ ニョー

彼はきみにほれこんでいるよ
Он влюблён в тебя.
オン ヴリュブリョーン フ チビャー

私はまだ未婚です。
Я ещё не замужем.
ヤー イッショー ニ ザームジェム

一目ぼれ
любовь с первого взгляда
リュボーフィス ピェールヴァヴァ ヴズグリャーダ

家族・人間関係

家人 | トラブル | その他

65

人の性格 Характер
ハラークチル

彼(彼女)は～(な人)です
Он (Она) ～ (человек).
オン アナー チラヴェーク

私は ～ (な人)ではありません
Я не ～ (человек).
ヤー ニ チラヴェーク

男	語尾の基本形	女
-ый, -ий		-ая, -яя
ゥイ イイ		アヤ ヤヤ

良い	悪い	頭のきれる	のろまな
хороший	плохой	остроумный	тупой
ハローシィー	プラホーイ	アストゥラウームヌゥイ	トゥポーイ
優しい	意地の悪い	謙虚な	高慢な
добрый	злой	скромный	надменный
ドーブルゥイ	ズローイ	スクロームヌゥイ	ナードゥミェンヌゥイ
陽気な	根暗な	遠慮がちな	ずうずうしい
весёлый	мрачный	стеснительный	наглый
ヴィショールゥイ	ムラーチヌゥイ	スチスニーチリヌゥイ	ナーグルゥイ
丁寧な	雑な、乱暴な	頭のいい	バカな
вежливый	грубый	умный	глупый
ヴェージリヴゥイ	グルゥーブゥイ	ウームヌゥイ	グルゥープゥイ
責任感のある(ない)(без)ответственный(ビズ)	自分勝手な	いうことをよくきく、いいなりの	きちんとした
	самовольный	послушный	порядочный
アトゥヴェーツトゥヴェンヌゥイ	サマヴォーリヌゥイ	パスルゥーシヌゥイ	パリャーダチヌゥイ
冷静な	気違い	クールな(カッコイイ)	イケてる
хладно-кровный	сума-сшедший	крутой	прикольный
フラドゥナクローヴヌゥイ	ススマシシェートゥシィー	クルゥトーイ	プリコーリヌゥイ

素敵な классный クラースヌィ	繊細な деликатный ヂリカートゥヌィ	冷たい холодный ハロードゥヌィ	変な странный ストゥラーンヌィ
天才的な すばらしい гениальный ギニアーリヌィ	信じやすい доверчивый ダヴェールチィヴィ	賢い мудрый ムードゥルィ	情熱的な страстный ストゥラーススヌィ
おもしろおかしい смешной スミシノーイ	退屈な занудный ザヌードゥヌィ	騒がしい шумный シュームヌィ	おとなしい спокойный スパコーイヌィ
(不)誠実な (не)искренний (ニ)イースクレンニィー	洗練された утончённый ウタンチョーンヌィ	忠実な верный ヴェールヌィ	気まぐれな капризный カプリーズヌィ
柔軟な гибкий ギープキィー	強情な упрямый ウプリャームィ	太っ腹な щедрый シシェードゥルィ	ケチな скупой スクゥポーイ
男らしい 勇のある мужественный ムージストゥヴェンヌィ	腰抜けな трусливый トゥルスリィーヴィ	開放的な открытый アトゥクルゥィトゥィ	閉鎖的な замкнутый ザームクヌトゥィ
女らしい しとやかな женственный ジェーンストゥヴェンヌィ	優雅な изящный イズャーシシヌィ	社交的な общительный アプシィーチリヌィ	引っ込み思案な застенчивый ザステーンチィヴィ
働き者 трудолюбивый トゥルゥダリュビーヴィ	怠け者 ленивый リニーヴィ	楽観論者 оптимист アプチミーストゥ	悲観論者 пессимист ピッスィミィーストゥ

人の性格

家人 | トラブル | その他

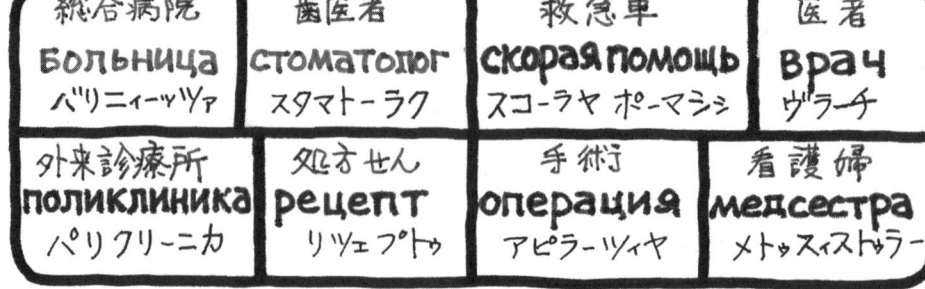

体と病気 Организм и Болезнь
アルガニーズム イ バリェーズニ

気分が悪い	熱があります	せき
Я плохо себя чувствую	У меня температура	кашель
ヤー プローハ スィビャー チューストヴユ	ウ ミニャー テンピラトゥーラ	カーシィリ

風邪をひいた	吐き気がする
Я простудился.	Меня тошнит.
ヤー プラストゥディールスャ	ミニャ タシニィートゥ

頭がクラクラする	(とても)疲れた
Голова кружится	Я (очень) устал (а)
ガラヴァー クルージィッツァ	ヤー (オーチン) ウスタール (ラ)

～がいたい	頭	腹	歯	足
У меня болит	голова	живот	зуб	нога
ウ ミニャー バリート	ガラヴァー	ジィヴォートゥ	ズープ	ナガー

お医者さんを呼んでください
Вызовите мне врача.
ヴィザヴィーチェ ムニェ ヴラチャー

病院へ連れていってください
Отвезите меня, пожалуйста, в больницу
アトゥヴィズィーチェ ミニャー パジャールゥスタ ヴ バリニーッツゥ

～へのアレルギーがあります
У меня аллергия на ～
ウ ミニャー アリルギーヤ ナ

総合病院	歯医者	救急車	医者
больница	стоматолог	скорая помощь	врач
バリニィーッツァ	スタマトーラク	スコーラヤ ポーマシシ	ヴラーチ

外来診療所	処方せん	手術	看護婦
поликлиника	рецепт	операция	медсестра
ペリクリーニカ	リツェプトゥ	アピラーツィヤ	メトゥスィストゥラー

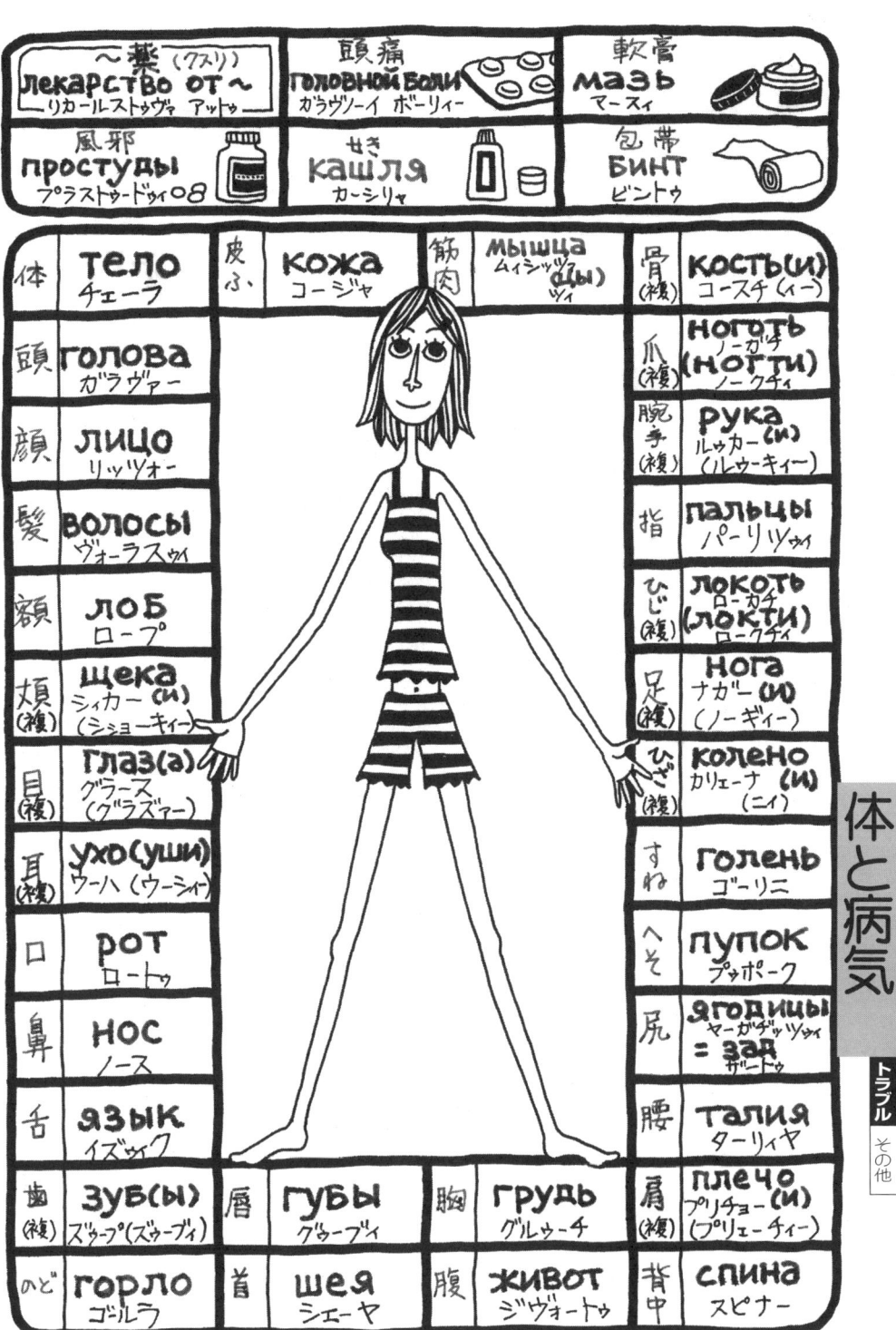

体	〜薬 (クスリ) лекарство от〜 リカールストゥヴァ アットゥ	頭痛 головной боли ガラヴソーイ ボーリィー		軟膏 мазь マースィ	
	風邪 простуды プラストゥードゥイ08	せき кашля カーシリャ		包帯 бинт ビントゥ	

体	тело チェーラ	皮ふ	кожа コージャ	筋肉	мышца ムィシッツa(ы) ツィ	骨(複)	кость(и) コースチ(イ)
頭	голова ガラヴァー					爪(複)	ноготь (ногти) ノーガチ (ノークチィ)
顔	лицо リッツォー					腕 手(複)	рука(и) ルゥカー (ルゥーキィー)
髪	волосы ヴォーラスゥィ					指	пальцы パーリツゥィ
額	лоб ローブ					ひじ(複)	локоть (локти) ローカチ (ロークチィ)
頬(複)	щека シィカー (и) (シショーキィー)					足(複)	нога ナガー(и) (ノーギィー)
目(複)	глаз(а) グラース (グラザアー)					ひざ(複)	колено カリェーナ (и) (ニイ)
耳(複)	ухо(уши) ウーハ (ウーシィ)					すね	голень ゴーリニ
口	рот ロートゥ					へそ	пупок プゥポーク
鼻	нос ノース					尻	ягодицы ヤーガディツゥィ ＝ зад ザートゥ
舌	язык イズィク					腰	талия ターリィヤ
歯(複)	зуб(ы) ズーブゥ(ズゥーブィ)	唇	губы グゥーブィ	胸	грудь グルゥーチ	肩(複)	плечо プリチョー (и) (プリェーチィー)
のど	горло ゴールラ	首	шея シェーヤ	腹	живот ジヴォートゥ	背中	спина スピナー

体と病気

トラブル その他

トラブル Проблемы
プラブリェームィ

アパートで

水(お湯)が出ない
Нет (горячей) воды
ニェットゥ (ガリャーチェイ) ヴァドゥィ

来て、見てみてください
Приходите, посмотрите
プリハディーチェ パスマトゥリーチェ

どこかから水が漏れている
Бежит вода откуда-то
ビジットゥ ヴァダー アトゥクゥダタ

なにか壊れている
Что-то сломалось
シトータ スラマーラスィ

水道工を呼んでください
Вызовите сантехника.
ヴィザヴィーチェ サンチェーフニカ

電気がつかない
Свет не включается.
スヴェートゥ ニ フクリューチャーイッツァ

ランプをとりかえたらどう?
Может, лампочку поменять?
モージッ、ラーンパチク パミニャーチ

ホテルで

鍵をなくした
Ключ потерял.
クリューチ パチリャール

鍵を自分の部屋においてきてしまった
Ключ оставил в своём номере.
クリューチ アスターヴィル フ スヴァヨーム ノーミリェ

鍵が入らない
Ключ не входит.
クリューチ ニ フホーディットゥ

鍵がまわらない
Ключ не поворачивается.
クリューチ ニ パヴァラーチヴァイッツァ

私の部屋寒いです
У меня в комнате холодно.
ウ ミニャー フ コームナチェ ホーラドゥナ

かけぶとんをもう1枚ください
Дайте мне, пожалуйста, ещё одно одеяло
ダーイチェ ムニェ パジャールゥスタ イッショー アドゥノー アヂヤーラ

国際電話はどうやってかければいいのですか?
Скажите, пожалуйста, как звонить по международному?
スカジーチェ パジャールゥスタ カーク ズヴァニーチ パミェージドゥナロードゥナムゥー

都市間(違う町の間で)
по междугородному
パ ミェージドゥガロードゥナムゥー

町内(町内で)
по городскому
パ ガラツコームゥー

テレフォンカードはどこで手に入りますか?
Где можно приобрести телефонную карту?
グヂェー モージナ プリアブリスチー チリフォンヌゥユ カールトゥー

(70)

どけ！	失せろ！	向こう行け！
Отвали!	Катись!	Иди на фиг!
アトゥヴァリースィ	カチースィ	イヂー ナー フィク

いらないよ	金はないよ
Не нужно.	У меня нет денег.
ニー ヌージナ	ウ ミニャー ニェットゥ ヂェーニク

助けて！
Помогите!
パマギーチェ

警察を呼んで！
Позовите милицию!
パザヴィーチェ ミィリィーツィユ

～を失くした	財布	お金	バッグ
Я потерял ～	кошелёк	деньги	сумку
ヤー パチリャール	カシリョーク	ヂェーニギィー	スゥームクゥー

パスポート	～通りで	～駅で	お店で
паспорт	на улице	на станции ～	в магазине
パースペルトゥ	ナ ウーリッツェ	ナ スターンツィー	ヴ マガズィーニエ

最寄りの派出所はどこですか？
Где ближайшее отделение милиции?
グヂェー ブリジャーイシェイエ アッヂリェーニエ ミリーツィー

誰か〜！
Кто-нибудь!
クトーニブーヂ

〜を盗られた
У меня украли ～
ウ ミニャー ウクラーリィ

盗難証明書を作ってください
Оформите, пожалуйста, свидетельство о краже.
アフォールミチェ ペジャールゥスタ スヴィヂェーチリストゥヴァ ア クラージェ

在モスクワ日本大使館	日本領事館
Посольство Японии в Москве	Консульство Японии
パッソーリストゥヴァ イポーニィー ヴ マスクヴェー	コンスゥリストゥヴァ イポーニィー

トラブルを防ぐ原則 道ばたで知らない人が声をかけてきても、できるだけ無視をすること。乞食がお金をせびってきても、あげないこと。かわいそうだと思ってお金をあげても何の解決にもなりませんし、日本人は金をくれるものと思い込んでしまいます。

疑問詞・動詞 Вопросительные местоимения и Глаголы
ヴァプラスィーチリヌゥイエ ミスタイメーニヤ イ グラゴールゥイ

疑(問詞)

何	誰	いつ	どのように	どこから
Что/Чё シトー／チョー	Кто クトー	Когда カグダー	Как カーク	Откуда アトゥクーダ
なぜ	な人のために	なぜなら	どこで	どこへ
Почему パチムゥー	Зачем ザチェーム	Потому что パタムゥーシトー(シタ)	Где グヂェー	Куда クダー
いくつ	どのくらいよく、ひんぱんに		どんな	どの
Сколько スコリカ	Как часто カーク チャースタ		Какой カコーイ	Который カトールゥイ

述

～してもいい	～が必要(でない)	※1 私は～できる(できない)	※2 私は～できる(できない)
можно モージナ	(не) нужно (=) ヌゥージナ	(не) могу (=) マグゥー	(не) умею (=) ウメーユ
～してはいけない	～すべき(でない)	私は～が欲しい したい	私は～したい(したくない)
нельзя ニリズャー =	(не) надо (=) ナーダ	(не) хочу (=) ハチュウ	(не)хочется (=) ホーチッツァ
～してはいけない	～しょう(ましょう)	～した方がいい	～しない方がいい
не + 動 ニ	Давай(те) ダヴァーイ(チェ)	лучше ルゥーチシェ	лучше не ルゥーチシェ ニ

動 不完／完

ある／食べる	する	いる／ある	生きる／住む	始める
есть イエスチ／съесть スィエスチ (食べる)	делать チェーラチ／сделать ズヂェーラチ	бывать ブゥイヴァーチ／быть ブゥイチ	(不) жить ジィーチ	начинать ナチナーチ／начать ナチャーチ
あげる	もらう／とる	～になる／～し始める	例 私には～がある(ない)	
давать ダヴァーチ／дать ダーチ	взять ヴズャーチ／брать ブラーチ	становиться スタノヴィッツァ／стать スターチ	У меня есть ～ ウ ミニャー イエスチ (нет) ニェットゥ	

移動 あいさつ 地図 時間 数字・買物 食事 文化 家人 トラブル その他

	見る/鑑賞する	会う/見る	聴く	聞く/耳に入る	言う
不完	смотреть スマトゥレーチ по〜 パスマトゥレーチ	видеть ヴィーヂチ у〜 ウヴィーヂチ	слушать スルゥーシャチ	слышать スルゥィシャチ у〜 ウスルゥィシャチ	говорить ガヴァリーチ сказать スカザーチ
不完	考える думать ドゥーマチ по〜 パドゥーマチ	知る знать ズナーチ	理解する понимать パニマーチ понять パニャーチ	信じる верить ヴェーリチ по〜 パヴェーリチ	愛する любить リュビーチ по〜 パリュビーチ
不完	覚えている помнить ポームニチ	思い出す вспоминать フスパミナーチ вспомнить フスポームニチ	忘れる забывать ザブィヴァーチ забыть ザブィチ	読む читать チターチ про〜 プラチターチ	書く писать ピサーチ на〜 ナピサーチ
不完	横になる ложиться ラジーッツァ лечь レーチ	眠る спать スパーチ	起きる/立つ вставать フスタヴァーチ встать フスターチ	探す искать イスカーチ	見つける находить ナホヂーチ найти ナイチー
不完	質問する спрашивать スプラーシヴァチ спросить スプラスィーチ	答える отвечать アトゥヴィチャーチ ответить アトゥヴェーチチ	使う пользовать ポーリザヴァッツァ вос〜 ヴェスポーリザヴァッツァ	散歩する гулять グゥリャーチ	歌う петь ペーチ с〜 スペーチ
不完	勉強する учиться ウチッツァ на〜 ナウチィッツァ	働く работать ラボータチ	待つ ждать ジダーチ	会う встречать フストゥリチャーチ встретить フストゥレーチチ	電話をする звонить ズヴァニーチ по〜 パズヴァニーチ

疑問詞・動詞　その他

		行く по〜①回 パ	立ち寄る за〜 ザ	到着する при〜 プリ	行ってくる с〜 往復 ス
1回/未来	идти イッチー	ехать イエーハチ				
	※(徒歩)行く(乗り物) ＋		去る у〜 ウ	たどり着く до〜①回 ダ	入る в(о)〜 ヴ(ァ)	出る вы〜 ヴィ
複数回/現在	ходить ハヂーチ	ездить イエーズヂチ				

※ 動詞「行く」は、徒歩の場合と乗り物の場合とで単語が違います。
また、前にза〜やпри〜などの接頭辞をつけると、いろいろな動きをあらわす動詞になります。

形容詞・副詞 Прилагательные и Наречия
プリラガーチリヌゥィエ イ ナレーチヤ

副	形			
〜でない **не 〜** ニ	かわいい **симпатичный** スィンパチィーチヌゥィ	筋肉ムキムキの **мускули-стый** ムゥスクゥリーストゥィ	太ってブヨブヨの **жирный** ジールヌゥィ	
それほど〜でない **не очень 〜** ニ オーチン	健康な、大きい **здоровый** ズダローヴゥィ	ひ弱な **хилый** ヒールゥィ	美しい **красивый** クラスィーヴゥィ	醜い **уродливый** ウロードゥリヴゥィ
少し〜 **немножко 〜** ニムノーシカ	大きい **большой** バリショーイ	小さい **маленький** マーリンキィー	軽い **лёгкий** リョーフキィー	重い **тяжёлый** チジョールゥィ
とても〜 **очень 〜** オーチン	やせている **худой** フゥドーイ	太っている **толстый** トールストゥィ	若い **молодой** マラドーイ	年寄りの **старый** スタールゥィ
〜すぎる **слишком 〜** スリーシカム	金持ち **богатый** バガートゥィ	貧乏な **бедный** ベードゥヌゥィ	セクシーな **сексуаль-ный** セクスゥアーリヌゥィ	セクシーでない **не 〜** ニ セクスゥアーリヌゥィ
全く〜でない **совсем не-** サフセーム ニ	強い **сильный** スィーリヌゥィ	弱い **слабый** スラーブゥィ	有名な **известный** イズヴェースヌゥィ	無名の **не 〜** ニ イズヴェースヌゥィ
〜じゃない？ **〜, нет?** ニェット (イントネーション重要)				
述	寒い **холодно** ホーラドゥナ	涼しい **прохладно** プラフラードゥナ	ちょうどいい **как раз** カーク ラース	あたたかい **тепло** チプロー	暑い **жарко** ジャールカ

暇/空いている свободный スヴァボードゥヌゥイ	忙しい занятый ザーニャトゥイ	簡単 простой プラストーイ	難しい сложный スロージヌゥイ	興味深い интересный インチレースヌゥイ
副 свободно スヴァボードナ	занято ザーニタ	просто プロースタ	сложно スロージナ	интересно インチレスナ
高い дорогой ダラゴーイ	安い дешёвый ヂショーヴゥイ	正しい правильный プラーヴィリヌゥイ	間違っている не〜 ニプラーヴィリヌゥイ	大事な важный ヴァージヌゥイ
副 дорого ドーラガ	дёшево ヂョーシヴァ	правильно プラーヴィリナ	не〜 ニプラーヴィリナ	важно ヴァージナ
新しい новый ノーヴゥイ	古い старый スタールゥイ	近い близкий ブリースキィー	遠い далёкий ダリョーキィー	便利な удобный ウドーブヌゥイ
		близко ブリースカ	далеко ダリコー	удобно ウドーブナ
明るい светлый スヴェートルゥイ	暗い тёмный チョームヌゥイ	清潔な чистый チィーストゥイ	汚ない грязный グリャーズヌゥイ	静かな тихий チーヒィー
副 светло スヴィトゥロー	темно チムノー	чисто チィースタ	грязно グリャーズナ	тихо チーハ
速い быстрый ブゥイストゥルゥイ	のろい медленный メードゥリェンヌゥイ	多い ※ многий ムノーギィー	少ない ※ немногий ニムノーギィー	適した подходя- -щий パトゥハヂャーシィー
副 быстро ブゥイストゥラ	медленно メードゥリェナ	много ムノーガ	немного/мало ニムノーガ/マーラ	
早い ранний ラーンニィー	遅い поздний ポーズニィー	冷たい холодный ハロードゥヌゥイ	熱い горячий ガリャーチィー	快適な уютный ウユートゥヌゥイ
副 рано ラーナ	поздно ポーズナ	холодно ホーラドゥナ	горячо ガリチョー	уютно ウユートゥナ
かたい жёсткий ジョーストゥキィー	やわらかい мягкий ミャーフキィー	長い длинный ドゥリーンヌゥイ	短かい короткий カロートゥキィー	
副 жестко ジョーストゥカ	мягко ミャーフカ		коротко コーラトゥカ	

形容詞・副詞　その他

※ многий, немногий は、ふつう複数形の многие, немногие が使われます。

住所交換 Поменяться координатами
パミニャーッツァ カアルヂナータミィー

連絡先の交換をしましょう
Давай(те) обменяемся координатами.
ダヴァイ(チェ) アブミニャーイムスャ カアルヂナータミィー

e-mail	名	姓	住所	電話
e-mail イーメイル	**имя** イーミャ	**фамилия** ファミーリィヤ	**адрес** アードゥリス	**телефон** チリフォーン

あとで〜を送ります
Я потом пошлю 〜
ヤー パトーム パシリュー

手紙	写真
письмо ピシモー	**фотографию** ファタグラーフィユ

あなたに手紙を書きます (君に)
Я вам (тебе) напишу.
ヤー ヴァム (チビェー) ナピシュー

君も (あなたも) 書いてね
(Вы) тоже пишите. / **ты** トゥイ
トージェ ピシーチェ

連絡とり合おう
Будем связываться
ブーヂム スヴャーズヴィヴァッツァ

ここに書いて下さい (Вы)
Напиши(те) сюда.
ナピシー(チェ) スユダー

左側縦書き: 移動 / あいさつ / 地図 / 時間 / 数字・買物 / 食事 / 文化 / 家人 / トラブル / その他

右側縦書き: Поменяться координатами

76

第2部

ロシアで楽しく会話するために

第2部では、超初心者向けに、
文法やコミュニケーションのコツを解説します。
話す力も、話す内容の幅も確実にワンランクアップできます。

1. ロシアについて

　「ロシアは一番近くて遠い隣国」。そんな表現をされることがあります。たしかに、北朝鮮という国交の正常化されていない国を除けば、これは当たっているでしょう。非常に残念なことです。戦後半世紀を過ぎてもなお領土問題を解決できず、平和条約も締結できないような両国の政治関係が、この距離を縮める際の足かせとなっています。相互理解の不足が関係をよくできない原因なら、お互いを知ればいいのです。
　というわけで、自分の知っているロシアについて、簡単に触れておきたいと思います。

◇日本人の持つロシアに関する誤解について

　この本の冒頭にも書きましたが、ロシアを知らない人（マスメディアなどからの片寄りすぎた情報によって誤解をしている人）の質問には、正直辟易しています。常識では考えられないようなこともいろいろある国ですが、一般的な日本人のロシアに関する常識は、ときとして人間の常識をこえるものもあります。シベリアにだって40℃近くにもなる、とんでもなく暑い夏の日があります。デパートの棚から商品がなくなったのは、もう10年前の一時的なことでしたし、今は使うお金が足りないぐらいです。食べ物もなく1億4千万を超す人間が生活できるわけないですよね？

◇ロシアって？　ロシア人って？

　ロシアという国は、ヨーロッパでもアジアでもなく、逆にヨーロッパでもアジアでもある国です。多くの日本人にとってはヨーロッパ系のロシア人のイメージが強いので、「アメリカのむこうのヨーロッパのさらにまた奥にある国の人たち」というふうに見られがちですが、極東のもっとも日本に近いところにはもともとアジア系の原住民しか住んでいませんでしたし、南に行けばコーカサス系の顔だちも多いのです。ロシアで最も愛されている作家プーシキンは黒人との混血ですし、ロシアロックの伝説、ヴィクトル・ツォイは朝鮮系のロシア人でした。若手有力政治家イリーナ・袴田は名字で分かるとおり日本人との混血です。挙げればきりがないほど、多種多様な人種が混ざりあった国です。
　こうしたさまざまな人々の才能が作り上げてきたすばらしさを見ると、ロシアをヨーロッパの国もしくはアジアの国と決めつけることの馬鹿らしさを感じてしまいます。欧米の国々にも日本にも理解されにくいのは、ヨーロッパとアジアが混在し日本よりも2000万人多いだけの人口と、ソヴィエト崩壊後もなお世界一の面積の広大な大地によって作り上げられてきたロシア人のメンタリティーが理解されにくいからと言えるでしょう。
　大きいから大雑把、いい加減、でも細かいことは気にしないという寛容さが、せせこましく細かすぎる日本での人間関係や生活に疲れたとき、暖かく心地よく感じられることもあります。あらゆる面で両極端な日本人とロシア人。そのどちらも知れば知るほど、どちらでもなくどちらでもある自分が大きくなっていきます。その経験によって、ロシアのよさと悪さも、日本のよさと悪さもよく分かるようになりましたし、ロシア人にも日本人にももっとお互いを知ってほしいという気持ちが大きくなりました。
　「他を知り、己を知る」。ロシアという国は、日本人にとって、この格言が最もよくあてはまる国ではないでしょうか。

◇ロシア語ってどんな言葉？

　ロシア語の面白いところは、その地理的・歴史的背景とともに、東のモンゴル系、朝鮮系、その他アジア系先住民族、南のカフカース系の民族、西のヨーロッパ系などの多種多様な民族が、方言やなまりがそれほど多くない一つの言語を共通言語としていることです。極東の地方で古いタイプのアジア系の顔だちをした人がロシア語を流暢に喋っているのに出くわすと、不思議な感じがします。ソヴィエト社会主義共和国連邦の頃のロシア語普及政策の遺産とでも言ったところでしょうか。

◇どうすれば話せる？

　実は、私自身はロシア語を難しくて習得不可能なものだと感じたことはあまりありませんでした。興味があったということも大きいかもしれません。好きなことは、不可能に思えることでもできてしまうものですから。もう一つ大事なのは「言葉は聞き、感じ、歌うものだ」ということかもしれません。音楽のようにたくさん聞き、真似をすれば、教科書を通して学ぶよりも、言葉というものはより自然に楽に入ってくるからです。聞くことのできない人は、しゃべれるようになりません。ロシア語は文法が非常に大事な言語で、文法をやらずに話せるようにはならないので、教科書を使った勉強も欠かすことはできません。
　さらに忘れてはいけないのは、話す中身を持つということです。どの言語にも共通したことですが、日頃からいろいろな物事に対して自分の考え方を持っていなければ、いざ話すときには何も話せません。相手に伝えたいことがあるということが言葉の原点です。何よりも先にそれを持つようにすることが、ロシア語をはじめ、諸々の外国語を話すための基本です。

2. ロシア語の文法について

　「ロシア語は世界一難しい言葉だ」と聞いたことが何度かあります。ロシア語の教科書を開いて秩序だった文法の山々と遭遇したとき、それを乗り越えることはエヴェレスト単独無酸素登頂のように困難なことに感じられるかもしれません。ロシア語は文法を無視するとまったく違う意味になってしまい、何をいいたいのか分からない文章になってしまうこともあります。ですから私は、この難解な文法を無視して「言葉を並べるだけでいいんですよ」なんてことは口が裂けてもいえません。敷居の高いとっつきにくい言語です。しかし、どの言語にもその言語の難しさがあり、同時に利点もあります。英語は似た音が多く、聞き取りが難しいし、フランス語やドイツ語は発音の難しさや冠詞の問題があります。ロシア語の文法は結構量が多いですが、かなりシステマチックなため名詞の語尾で性が分かる、冠詞がない、音がはっきりしていて聞き取りやすい、などという大きな利点があります。

　この会話帳の第1部にまとめられたものを使ってできる会話は限られます。そのレベルで満足できず、それ以上の会話がしたくなったら、少し覚悟をして文法を学んでみてください。ここではページの都合もあってすべてを網羅することはできませんので、簡単な文法の紹介をしてみようと思います。きちんとした文法は、他の文法書などを参考にして勉強してください。

◇ロシア語のアルファベット

　ときどき冗談で（本気でそう思っている人もいますが）、ロシアの文字は英語のアルファベットを間違えて書いてしまったものだと言うことがあります。しかしこれはとんでもない話で、実際は9世紀末ごろにブルガリアで成立し古代教会スラヴ語に使われていたキリール文字が、10世紀末キエフ公国へキリスト教とともに伝わったのが始まりとされています。

　アガサ・クリスティーの小説にも、このキリール文字のHを英語のHと取り違えるという犯罪トリックが使われていました。やはり慣れないと、一部の文字は混乱を招きやすいでしょう。英語や日本語の常識で考えてロシア語に取りかかることがその一因で、まったく違う系統の言葉を勉強するときは、まったく違う言葉なのだという認識をもっていなければいけないでしょう。

大文字	小文字	読み		大文字	小文字	読み	
А	а	a		Р	р	r	強い巻舌のr
Б	б	b	日本語のバ行の音に近い	С	с	s	
В	в	v	英語などのvの音とほぼ同じ	Т	т	t	
Г	г	g		У	у	u	唇をすぼめてウーと発音
Д	д	d		Ф	ф	f	
Е	е	je	eの音の前に短いiが入った音	Х	х	kh	口の奥で舌を持ち上げ、隙間に空気を通して発音する
Ё	ё	jo	oの音の前に短いiが入った音	Ц	ц	ts	
Ж	ж	j	舌を持ち上げ上顎との隙間に空気を通して、のどを震わせ発音する	Ч	ч	ch	
З	з	z		Ш	ш	sh	舌を持ち上げ上顎との隙間に空気を通して、のどを震わせ強く発音する
И	и	i		Щ	щ	sch	шよりも柔らかく長い音
Й	й	i kratkoe	иよりも短い音	ъ			前にくる子音を軟音化する記号
К	к	ka		ы			uとiの中間的な音を口の奥で発音
Л	л	l		ь			前にくる子音を硬音化する記号
М	м	m		Э	э	e	日本語のエーに近い音
Н	н	n		Ю	ю	ju	uの音の前に短いiが入った音
О	о	o		Я	я	ja	aの音の前に短いiが入った音
П	п	p					

◇発音

　アクセントのある母音を強く読み、その他の母音はあまり強く読みません。アクセントのないоはaの音で発音し、同様にアクセントのないеはиの音で読みます。例外はありますが、これがロシア語の発音の原則です。

　まったく違う言葉という認識が必要なのは、発音に関しても言えます。表中ではローマ字表記をしましたが、実際は、カタカナは言うまでもなくローマ字の音とさえも違いがあり、正確な発音はロシア人のものを直接聞いて真似をして覚えるしかないのです。よく、欧米人のロシア語を聞くと、独特のアクセントのため非常に聞き取りにくいことがあります。日本人の場合は、日本語にない音や、бとв、лとр、шとщ、з、жなどの発音がなかなか区別できない人が多いようです。細かいところなので、これは中級、上級者の課題かもしれません。

◇文法
〈1〉性と数
　ロシア語には他のヨーロッパ言語同様、名詞の性と数という特徴があります。

1. 名詞の性と数
　名詞には、男性形・女性形・中性形の3つの性があります。それぞれに単数形・複数形があります。

	男性		女性		中性	
単数	子音	-й/-ь ※1	-а	-я/-ь ※1	-о	-е	-мя
複数	-ы	-и	-ы	-и	-а	-я ※2

※1 -ьで終わる単語は、男性形・女性形のどちらかになります。
※2 время「時間」の複数形はвременаになりますが、意味が「時期・時代」となります。
　　пламя「炎」には複数形がありません。

例）男性名詞　музыкант（単） - музыканты（複）
　　女性名詞　гитара（単）　 - гитары（複）
　　中性名詞　словоБi（単）　 - слова（複）

2. 人称代名詞

	単数	複数
1人称	я 私	мы 私たち
2人称	ты 君	вы あなた/あなた方
3人称	он/она/оно 彼/彼女/それ	они 彼/彼女/それら

3. 形容詞の性と数

男性	女性	中性	複数
новый （新しい）	новая	новое	новые
синий （青い）	синяя	синее	синие
хороший （よい）	хорошая	хорошее	хорошие

例）Мои новые очки 「私の新しい眼鏡」
　　Его хорошее выступление 「彼のよい演技」

4. 所有代名詞「〜の」の性と数
　後にくる名詞の性と数と一致した性と数を使います。

	男性	女性	中性	複数
私の	мой	моя	моё	мои
君の	твой	твоя	твоё	твои
彼の それの	его			
彼女の	её			
我々の	наш	наша	наше	наши
あなたの あなた方の	ваш	ваша	ваше	ваши
彼らの それらの	их			
誰の	чей	чья	чьё	чьи

5. 指示代名詞（この／その）

	男性	女性	中性	複数
この	этот	эта	это	эти
その	тот	та	то	те

〈2〉格変化

　これがロシア語の最大の難点でしょう。私もこの本執筆の上で常に苦しめられたところです。残念ながら、これを知っているかいないかで、ロシア語の会話はまったく次元が違ったものになってしまいます（知っていても正しく使いこなすようになるまでには、相当の努力と時間がかかるのですが）。変化を覚えて会話の中で少しずつ使うようにしていけば、だんだん使えるようになっていきます。

＜格の持つ主な意味＞
　主格　〜は／が
　生格　〜の　　　　　（所有）
　与格　〜へ／に　　　（授受）
　対格　〜を　　　　　（対称）
　造格　〜で／をもって（手段）
　前置格　〜に／で　　（場所）

1. 名詞の格変化

　名詞には、男性・女性・中性それぞれの単数／複数に対して、主格・生格・与格・対格・造格・前置格の6つの格があります。

	男性名詞　語尾						中性名詞　語尾			
硬音／軟音	硬		軟 -й		軟 -ь		硬		軟	
単／複	単	複	単	複	単	複	単	複	単	複
主格（〜が）	子音	-ы	-й	-и	-ь	-и	-о	-а	-е	-я
生格（〜の）	-а	-ов	-я	-ев	-я	-ей	-а	—	-я	-ей
与格（〜へ）	-у	-ам	-ю	-ям	-ю	-ям	-у	-ам	-ю	-ям
対格（〜を）	主／生		主／生		主／生		主／生		主／生	
造格（〜で）	-ом	-ами	-ем	-ями	-ем	-ями	-ом	-ами	-ем	-ями
前置格（〜に）	-е	-ах	-е	-ях	-е	-ях	-е	-ах	-е	-ях

	女性名詞　語尾					
硬音／軟音	硬		軟 -я		軟 -ь	
単／複	単	複	単	複	単	複
主格（〜が）	-а	-ы	-я	-и	-ь	-и
生格（〜の）	-ы	—	-и	-ь	-и	-ей
与格（〜へ）	-е	-ам	-е	-ям	-и	-ям
対格（〜を）	-у	主／生	-ю	主／生	-ь	主／生
造格（〜で）	-ой	-ами	-ей	-ями	-ью	-ями
前置格（〜に）	-е	-ах	-е	-ях	-и	-ях

	中性名詞имяの変化	
	単	複
主	имя	имена
生	имени	имён
与	имени	именам
対	имя	имена
造	именем	именами
前	имени	именах

2. 人称代名詞の格変化

	単		複		3人称 単			3人称 複
	1人称	2人称	1人称	2人称	男	中	女	
主格（〜が）	я	ты	мы	вы	он	оно	она	они
生格（〜の）	меня	тебя	нас	вас	его		её	их
与格（〜へ）	мне	тебе	нам	вам	ему		ей	им
対格（〜を）	меня	тебя	нас	вас	его		её	их
造格（〜で）	мной	тобой	нами	вами	(н)им		(н)ей	(н)ими
前置格（〜に）	мне	тебе	нас	вас	нём		ней	них

3. 形容詞の格変化
-ыйで終わる形容詞は硬変化、-ийで終わる形容詞は軟変化か混合変化をします。

	硬変化				軟変化				混合変化			
	男	中	女	複	男	中	女	複	男	中	女	複
主格（〜が）	-ый	-ое	-ая	-ые	-ий	-ее	-яя	-ие	-ий	-ое	-ая	-ие
生格（〜の）	-ого		-ой	-ых	-его		-ей	-их	-го		-ой	-их
与格（〜へ）	-ому		-ой	-ым	-ему		-ей	-им	-ому		-ой	-им
対格（〜を）	主/生	-ое	-ую	主/生	主/生	-ее	-юю	主/生	主/生	-ое	ую	主/生
造格（〜で）	-ым		-ой	-ыми	-им		-ей	-ими	-им		-ой	-ими
前置格（〜に）	-ом		-ой	-ых	-ем		-ей	-их	-ом		-ой	-им

4. 動詞の格変化
動詞の多くは完了体と不完了体のペアで成り立っていて、人称、数、性（過去時制のみ）に対応した変化をします。また、移動の動作をあらわす動詞（p73「行く」など）には定動詞・不定動詞のペアがあります。

＜不完了体・完了体の意味＞
　不完了体＝反復／複数回の動作、動作そのもの／動作の過程
　完了体＝１回だけの動作、動作の完了
　例）говорить（不）- сказать（完）「言う」
　　　давать（不）　- дать（完）「あげる」

＜定動詞・不定動詞＞
　p73でとりあげた動詞「行く」（徒歩／乗り物）は、定動詞・不定動詞のペアを持つ動詞です。
　定動詞＝一定方向への動作／１度だけの動作
　　例）идти（歩いていく）
　不定動詞＝動作そのもの／往復・反復動作
　　例）ходить（歩く／歩き回る／通うetc.）

一般的な動詞の格変化語尾（現在/過去）

	第１変化	第２変化	-овать変化	過去形	
я	-ю	-ю	-ую	男	-л
ты	-ешь	-ишь	-уешь		
он/она	-ет	-ит	-ует	女	-ла
мы	-ем	-им	-ем	中	-ло
вы	-ете	-ите	-уете		
они	-ют	-ят	-уют	複	-ли

動詞быть（ある/いる）の格変化

	未来形		過去形
я	буду	男	был
ты	будешь		
он/она	будет	女	была
мы	будем	中	было
вы	будете		
они	будут	複	были

動詞хотеть（〜したい）の格変化

	現在		過去
я	хочу	он	хотел
ты	хочешь		
он/она	хочет	она	хотела
мы	хотим		
вы	хотите	они	хотели
они	хотят		

例）Что вы хотите?
　　何が欲しいですか？

5. что（何）кто（誰）の格変化

主格	生格	与格	対格	造格	前置格
что	чего	чему	что	чем	чём
кто	кого	кому	кого	кем	ком

例）Кем ты работаешь?　あなたの職業は？

第3部

日本語→ロシア語単語集

第3部では、第1部で使われていないものを中心に
比較的重要な単語を厳選し、
約1700の単語を収録しています。

記号解説

- (м)   男性名詞／男性形
- (ж)   女性名詞／女性形
- (ср) 中性名詞／中性形
- (мн) 複数名詞／複数形
- (нс) 動詞の不完了体
- (с)   動詞の完了体
- (к)   不定動詞
- (нк) 定動詞

それ以外の( )   説明語

/   1.動詞の不完了体・完了体、不定動詞・定動詞の区切り
    2.一つの名詞の男性・女性・中性・複数形の区切り
    3.形容詞と副詞語尾の区切り
// 違う単語間の区切り

あ 行

愛 .... любовь(ж)
　　　　　　　リュボーフィ
愛称 .... ласкательное имя
　　　　　　　ラスカーチリナヤ　イーミャ
愛人 .... любовник(м)/-ца(ж)
　　　　　　　リュボーヴニク／ニッツァ
相変わらず ...... как всегда
　　　　　　　カーク　スィグダー
空いている ...... свободно
　　　　　　　スヴァボードゥナ
アイロン .... утюг(м)
　　　　　　　ウチューク
会う .... встречаться/встретиться с (кем)
　　　　　　　ストゥリチャーッツァ／ストゥレーチッツァ
明るい .... светлый/-ло
　　　　　　　スヴェートルィ／スヴィトゥロー
明るい(性格) ...... весёлый/-ло
　　　　　　　ヴィショールィ／ヴェースィラ
あきらめる ...... отказываться(нс)/отказаться(с) от (чего)
　　　　　　　アトゥカーズィヴァッツァ／アトゥカザーッツァ　アトゥ
飽きる .... надаедать(нс)/надоесть(с)
　　　　　　　ナダイダーチ／ナダィエースチ
アクセサリー ... аксессуар
　　　　　　　アクセッスアール
開ける .... открывать(нс)/открыть(с)
　　　　　　　アトゥクルィヴァーチ／アトゥクルィチ
上げる(上に) ...... поднимать(нс)/поднять(с)
　　　　　　　パドゥニマーチ／パドゥニャーチ
あげる(人に) ... давать(нс)/дать(с)
　　　　　　　ダヴァーチ／ダーチ
揚げる .... обжарить в масле
　　　　　　　アブジャーリチ　ヴ　マースリェ
アザ .... синяк
　　　　　　　スィニャーク
味 .... вкус(м)
　　　　　　　フクゥース
　味見する ..... пробовать(нс)/попробовать(с)
　　　　　　　プローバヴァチ／パプローバヴァチ
あずける .... сдавать(нс)/сдать(с)
　　　　　　　ズダヴァーチ／ズダーチ
汗 .... пот(м)
　　　　　　　ポートゥ
あそこ .... там
　　　　　　　タームー
遊ぶ .... играть
　　　　　　　イグラーチ
あたり前 .... естественно
　　　　　　　イスチェーストゥヴェンナ
厚い .... толстый
　　　　　　　トールストゥィ
集める .... собирать(нс)/собрать(с)
　　　　　　　サビラーチ／サブラーチ
　集まる ...... собираться(нс)/собраться(с)
　　　　　　　サビラーッツァ／サブラーッツァ
あとで .... потом
　　　　　　　パトーム
穴 .... дырка(ж)/яма(ж)
　　　　　　　ドゥィルカ／ヤーマ
あなた／あなたたち ... вы
　　　　　　　ヴゥイ

あなたの ..... ваш(м)/ваша(ж)/ваше(ср)/ваши(мн)
　　　　　　　ヴァーシ／ヴァーシャ／ヴァーシェ／ヴァーシィー
あの .... тот
　　　　　　　トットゥ
　あの頃 ...... то время
　　　　　　　トー　ヴリーミャ
　あの人 ...... тот человек
　　　　　　　トットゥ　チラヴィェーク
あぶない .... опасный/опасно
　　　　　　　アパースヌィ／アパースナ
油 .... масло(ср)
　　　　　　　マースラ
あまい .... сладкий
　　　　　　　スラートゥキー
あやしい .... подозрительный/-но
　　　　　　　パダズリーチリヌィ
謝る .... извиняться(нс)/извиниться(с)
　　　　　　　イズヴィニャーッツァ／イズヴィニーッツァ
洗う .... мыть(нс)/по-(с)
　　　　　　　ムゥィチ／パ-
あるいは .... или
　　　　　　　イーリィ
あるく .... ходить(к)/идти(нк)
　　　　　　　ハヂーチ／イッチー
アルバイト ...... подработка(ж)
　　　　　　　パドゥラボートゥカ
アレルギー ...... аллергия(ж)
　　　　　　　アリルギーヤ
暗証番号 .... цифровой код
　　　　　　　ツィフラヴォーイ　コートゥ
安心 .... спокойствие
　　　　　　　スパコーイストゥヴィエ
安全 .... безопасность
　　　　　　　ビズアパースナスチ
案内する .... сопровождать(нс)/сопроводить(с)
　　　　　　　サプラヴァジダーチ／サプラヴァヂーチ
胃 .... желудок(м)
　　　　　　　ジルゥーダク
いいかげん ...... небрежный/-но
　　　　　　　ニブレージヌィ／-ナ
いいえ .... нет
　　　　　　　ニェットゥ
言う .... говорить(нс)/сказать(с)
　　　　　　　ガヴァリーチ／スカザーチ
家 .... дом(м)
　　　　　　　ドーム
〜以外 .... кроме
　　　　　　　クローミ
生きる .... жить
　　　　　　　ジィーチ
行く(徒歩／乗り物) ... ходить(к)/идти(нк)//ездить(к)/ехать(нк)
　　　　　　　ハヂーチ／イッチー／／イエーズヂチ／イエーハチ
池 .... пруд(м)
　　　　　　　プルートゥ
意見 .... мнение(ср)
　　　　　　　ムニェーニエ
石 .... камень(м)
　　　　　　　カーミニ
維持する .... держать
　　　　　　　チルジャーチ
医者 .... врач
　　　　　　　ヴラーチ
異常 .... ненормальность(ж)
　　　　　　　ニナルマーリナスチ

イスラム教	мусульманство (мўсўлўриманстўва)
イスラム教徒	мусульманин (мўсўлўриманин)
遺跡	остатки(чего)//достопримечательность(ж) (астаткии//дастапримичатирьнасти)
いそがしい	занятый/-т(м)/-та(ж) (занятый/-занятат/занитар)
いそぐ	спешить(нс)/по-(с) (спишить/па-)
いたい	больно (больна)
偉大	великий (велиикий)
炒める	поджарить (паджарить)
1日	один день (адин день)
1日おき	через день (чирис день)
市場	рынок(м) (рынак)
胃腸薬	желудочно-кишечное лекарство (жилудачна-кишечная ликарства)
1回	один раз (адин рас)
1階	первый этаж (первый этаж)
1週間	одна неделя (адна нидельа)
一緒	вместе (вместе)
一生	вся жизнь (фся жизни)
一生懸命	старательно//усердно (старатильна//усердна)
一般的な	всеобщий (фсиопщий)
一方的な	односторонний (аднастаронний)
いつも	всегда (фсигда)
糸	нитка(ж) (нитка)
いなか	деревня(ж) (дириевнья)
犬	собака(ж) (сабака)
命	жизнь(ж) (жизни)
いのる	молиться(нс)/по-(с) (малитца/па-)
違反	нарушение(ср) (нарушение)
今	сейчас/теперь (сичас/типерь)
意味	смысл(м)//значение(ср) (смысл//значение)
Eメール	e-mail (имейл)
入り口	вход(м) (фход)
居る	бывать(нс)/быть(с)//находиться (бывать/быти//нахадитца)
入れる	вставлять(нс)/вставить(с) (фставлять/фставить)
色	цвет(м)/-а(мн) (цвет/цвита)
いろいろな	разный (разный)
いわう	поздравлять(нс)/поздравить(с) (паздравлять/паздравить)
印象	впечатление(ср) (фпичатление)
インターネット	интернет(м) (интернет)
インフルエンザ	грипп(м) (грипп)
インフレ	инфляция(ж) (инфляция)
飲料水	питьевая вода (питьевая вада)
ウイスキー	виски(ср) (виски)
上へ	вверх/наверх (вверх/наверх)
ウエイター	официант(м) (афицианту)
ウエイトレス	официантка(ж) (афициантка)
受付	приём(м) (приём)
受け取る	получать(нс)/получить(с) (палучать/палучить)
牛	корова (карова)
うしなう	терять(нс)/потерять(с) (тирять/патирять)
後ろへ	назад (назат)
うすい (厚み/液体)	тонкий//жидкий (тонкий/житкий)
うそ	ложь(ж) (лош)
歌	песня(ж) (песня)
歌う	петь(нс)/с-(с) (петь/с-)
疑う	подозревать (падазривать)
宇宙	космос(м) (космас)
打つ	ударять(нс)/ударить(с) (ударять/ударить)
移す	переносить(нс)/перенести(с) (пиринасить/пиринисти)
訴える	подавать(нс)/подать(с) в суд (падавать/падать ф сут)
馬	лошадь(ж) (лошать)
上手い	искусный/умелый (искусный/умелый)
生まれる	рождаться(нс)/родиться(с) (раждатца/радитца)
海	море(ср) (морье)
産む	рождать(нс)/родить(с) (раждать/радить)

うら→おし

裏	оборотная сторона
	アバロートゥナヤ スタラナー
うらむ	ненавидеть
	ニナヴィーヂチ
うらやましい	завидно
	ザヴィードゥナ
売る	продавать(нс)/продать(с)
	プラダヴァーチ／プラダーチ
ウール	шерсть(ж)
	シェールスチ
うるさい	шумно
	シューム ナ
うれしい	рад(м)//рада(ж)
	ラートゥ／／ラーダ
噂	слух(м)
	スルーフ
運	судьба(ж)//участь(ж)
	スゥヂバー／／ウーチスチ
運がいい	везучий
	ヴィズゥーチィー
運賃	стоимость проезда
	ストーイマスチ プラィエーズダ
運転する	водить(к)/вести(нк)
	ヴァヂーチ／ヴィスチィー
運転手	водитель(м)
	ヴァヂーチリ
運転免許証	водительские права
	ヴァヂーチリスキエ プラヴァー
絵	картина(ж)
	カルチーナ
絵をかく	рисовать(нс)/на-(с) картину
	リサヴァーチ／ナ-カルチーヌゥ
エアコン	кондиционер(м)
	カンヂツィアニェール
映画	кинофильм(м)
	キナフィーリム
映画館	кинотеатр(м)
	キナチアートゥル
永久に	навсегда
	ナフスィグダー
影響	влияние(ср)
	ヴリヤーニエ
英語	английский язык
	アングリースキー イズィーク
エイズ	СПИД
	スピートゥ
衛生的な	гигиеничный
	ギギエニーチヌィ
英雄	герой(м)
	ギローイ
栄養	питание(ср)
	ピターニエ
笑顔	улыбка(ж)
	ウルィプカ
エアロビクス	аэробика(ж)
	アエローピカ
駅	станция(ж)
	スターンツィヤ
絵はがき	открытка(ж)
	アトゥクルィートゥカ
エネルギー	энергия(ж)
	エニェールギヤ
えらい！	молодец！
	マラヂェーツ

選ぶ	выбирать(нс)/выбрать(с)
	ヴゥィビラーチ／ヴゥィブラチ
エリ(襟)	воротник
	ヴァロートゥニク
宴会	банкет(м)
	バンケートゥ
延期する	отсрочивать(нс)/отсрочить(с)
	アトゥスローチヴァチ／アトゥスローチチ
エンジニア	инженер(м)
	インジェニェール
炎症	воспаление(ср)
	ヴァスパレーニエ
エンジン	двигатель(м)
	ドゥヴィーガチリ
演奏する	играть на (чём)
	イグラーチ ナ
延長する	продолевать(нс)/продлить(с)
	プラダリヴァーチ／プラドゥリーチ
鉛筆	карандаш(м)
	カランダーシ
遠慮する	стесняться(нс)/стесниться(с)
	スチスニャーッツァ／スチスニーッツァ
おいしい	вкусно
	フクゥースナ
王様	король(м)//царь(м)
	カローリ／／ツァーリ
往復	туда и обратно
	トゥダー イ アブラートゥナ
往復切符	билет в оба конца
	ビリェートゥ ヴ オーバ カンツァー
多い	много
	ムノーガ
大きい	большой//крупный
	バリショーイ／／クループヌィ
大きさ	размер(м)
	ラズミェール
オーロラ	аврора(ж)
	アヴローラ
オオカミ	волк(м)
	ヴォールク
起きる	вставать(нс)/встать(с)
	フスタヴァーチ／フスターチ
置く	класть(нс)/положить(с)
	クラースチ／パラジーチ
送る	отправлять(нс)/отправить(с)
	アトゥプラヴリャーチ／アトゥプラーヴィチ
贈る	дарить(нс)/по-(с)
	ダリーチ／パ-
おくれる	опаздывать(нс)/опоздать(с)
	アパーズドゥィヴァチ／アパズダーチ
起こす	будить(нс)/разбудить(с)
	ブヂーチ／ラズ-
おこなう(催し物など)	проводить(нс)/провести(с)
	プラヴァヂーチ／プラヴィスチィー
怒る	сердиться(нс)/рассердиться(с)
	スィルヂーッツァ／ラッスィルヂーッツァ
おしゃれな	франтоватый
	フランタヴァートゥィ
教える	обучать(нс)/обучить(с) (чего-кому)
	アブゥチャーチ／アブゥチーチ
おしつける	заставлять(нс)/заставить(с)
	ザスタヴリャーチ／ザスターヴィチ
惜しむ	сожалеть
	サジャレーチ

押す	нажимать(нс)/нажать(с)//толкать(нс)/толкнуть(с) ナジマーチ/ナジャーチ//タルカーチ/タルクヌーチ
オス	самец(м) サミェッツ
おそい(速度/時間)	медленный/-но//поздный/-но ミェードゥリェンヌィ/-ナ//ポーズヌィ/-ナ
恐れる	бояться バヤーッツァ
落ち着く	успокаиваться(нс)/успокоиться(с) ウスパカーイヴァッツァ/ウスパコーイッツァ
落ちる	падать(нс)/упасть(с) パーダチ/ウパースチ
おつり	сдача(ж) ズダーチャ
音	звук ズヴーク
お年寄り	пожилой человек パジローイ チラヴィェーク
落とす	ронять(нс)/уронить(с) ラニャーチ/ウラニーチ
落とし物	потерянная вещь パチェーリャンナヤ ヴェーシシィ
訪れる	посещать(нс)/посетить(с) パスィッシャーチ/パスィチーチ
おとな	взрослый человек ヴズローフルィ チラヴィェーク
踊る	танцевать タンツェヴァーチ
踊り	танец(м) ターニェツ
驚かす	удивлять(нс)/удивить(с) ウヂヴリャーチ/ウヂヴィーチ
驚く	удивляться(нс)/удивиться(с) ウヂヴリャーッツァ/ウヂヴィーッツァ
鬼	чёрт(м) チョールトゥ
同い年の人	ровесник(м) ラヴェースニク
同じ	одинаковый/-во アヂナーカヴゥィ/-ヴァ
おなら	газы(мн)/пук(м) ガーズゥィ/プゥーク
をする	пукать プゥーカチ
お願い	просьба(ж) プロージバ
オバケ	привидение(ср) プリヴィチェーニエ
帯	пояс(м) ポーイス
オファー	предложение(ср) プリドゥラジェーニエ
溺れる	тонуть(нс)/у-(с) タヌーチ/ウ-
お守り	талисман(м)//амулет(м) タリスマーン//アムゥリェートゥ
重い	тяжёлый/-ло チジョールィ/チジローヴァ
重さ	вес(м)//тяжесть(ж) ヴェス//チャージェスチ
思う	думать(нс)/по-(с) ドゥーマチ/パ-
思い出	воспоминание(ср) ヴァスパミナーニエ
思いやり	заботливость(ж)//сочувствие(ср) ザボートゥリヴァスチ//サチューストゥヴィエ
おもしろい	интересный/-но インチェリェースヌィ/-ナ
おもちゃ	игрушка(ж) イグルゥーシカ
おもて	лицевая сторона リツェヴァーヤ スタラナー
おやすみなさい	Спокойной ночи. スパコーイナイ ノーチィ
泳ぐ	плавать(нс)/плыть(с) プラーヴァチ/プルィチ
およそ～	примерно//приблизительно プリミェールナ//プリブリズィーチリナ
降りる	спускаться(нс)/спуститься(с) スプスカーッツァ/スプスチーッツァ
折る	ломать(нс)/сломать(с) ラマーチ/スラマーチ
卸売り	оптовая торговля アプトーヴァヤ タルゴーヴリャ
オレンジ	апельсин(м) アピリスィーン
終わる	заканчиваться(нс)/закончиться(с) ザカーンチヴァッツァ/ザコーンチッツァ
終わり	конец(м) カニェーツ
オンエアー	в эфире ヴェフィーレ
音響	акустика(ж) アクゥースチカ
音痴	отсутствие музыкального слуха アトゥスゥーツトゥヴィエ ムズィカーリナヴァ スルゥーハ
音楽	музыка(ж) ムーズィカ
温度	температура(ж) チンピラトゥーラ
音符	нота(ж)/-ты(мн) ノータ/ノートゥィ
音量	громкость(ж) グロームカスチ

か 行

蚊	комар(м) カマール
～回	раз(м) ラース
外貨	иностранная валюта イノストゥラーンナヤ ヴァリュータ
海外	заграница(ж) ザグラニーッツァ
海岸	побережье моря パビリェージエ モーリャ
会議	заседание(ср)/конференция(ж) ザスィダーニエ//カンフィレーンツィヤ
海軍	военноморские силы ヴァエンナマルスキーエ スィールィ
解決する	разрешать(нс)/разрешить(с) ラズリシャーチ/ラズリシーチ
外交	дипломатия(ж) ヂプラマーチヤ
外国	зарубежная страна ザルベージナヤ ストゥラナー

外国人	иностранец(м)/-нка(ж)/-нцы(мн)
外国製	иномарка(ж)
会社	фирма(ж)//компания(ж)
会社員	служащий(м)/-щая(ж)
階段	лестница(ж)
海賊版	пиратский
懐中電灯	карманный фонарик
ガイド	гид(м)//экскурсовод(м)
ガイドブック	путеводитель(м)
解放する	освобождать(нс)/освободить(с)
開放する	открывать(нс)/открыть(с)
買い物	покупка(ж)
潰瘍	язва(ж)
会話	разговор(м)//беседа(ж)//диалог(м)
買う	покупать(нс)/купить(с)
返す	возвращать(нс)/возвратить(с)
変える	менять(нс)/по-(с)
帰る	возвращаться(нс)/вернуться(с)
香り	запах(м)
いい香り	аромат(м)
科学	наука(ж)
化学	химия(ж)
カギ	ключ(м)
カギをかける	запирать на ключ/запереть
ガキ	пацан(м)
かきまぜる	перемешивать(нс)/перемешать(с)
確信する	убеждаться(нс)/убедиться(с) в (чём)
かくす	скрывать(нс)/скрыть(с)
学部	факультет(м)
革命	революция(ж)
かくれる	прятаться(нс)/с-(с)
影	тень(ж)

賭ける	ставить(нс)/по-(с) на (что)
過去	прошлое(ср)
カゴ	корзина(ж)
カサ	зонтик(м)
火山	вулкан(м)
菓子	сладости(мн)//конфеты(мн)
歌詞	слова песни
家事	домашние дела
火事	пожар(м)
貸家	квартира,сдающаяся в аренду
歌手	певец(м)/певица(ж)
貸す	давать(нс)/дать(с) напрокат
数	цифра(ж)
ガス	газ(м)
風邪	простуда(ж)
カセットテープ	аудиокассета
数える	считать(нс)/со-(с)
ガソリン	бензин(м)
ガソリンスタンド	бензозаправочный пункт
硬い	твёрдый
形	форма(ж)
かたづける	убирать(нс)/убрать(с)
価値のある	ценный//достойный
勝つ	побеждать(нс)/победить(с)
楽器	музыкальный инструмент
カッコイイ	крутой/стильный
学校(大学前の)	школа(ж)
合唱	хор(м)//хоровое пение
勝手な	своевольный
活発な	активный//оживлённый
家電	бытовая техника
カーテン	шторы(мн)

カード	карточка(ж)//карты(мн)
カテゴリー	категория(ж)
カトリック	католичество(ср)
悲しい	печальный/-но
必ず	обязательно
カニ	краб(м)
カネ	деньги(мн)
金持ち	богатый
可能	возможно//можно
カバン	портфель(м)//сумка(ж)
株式会社	АО(акционерное общество)
カボチャ	тыква(ж)
我慢する	терпеть
紙	бумага(ж)
神	бог(м)
カミソリ	бритва(ж)
噛む	кусать(нс)/куснуть(с)
瓶(カメ)	ваза(ж)
カメラ	фотоаппарат(м)//камера(ж)
鴨	утка(ж)
粥	каша(ж)
カモメ	чайка(ж)
辛い	острый
ガラス	стекло(ср)
カラス	ворона(ж)//ворон(м)
狩り	охота(ж)
カレンダー	календарь(м)
皮	кожа(ж)//мех(м)//шкура(ж)
川	река(ж)
かわいい	милый/-л(м)/-ла(ж)
かわいそう	жалкий/-ко//бедный/-но
乾く	сохнуть(нс)/вы-(с)
為替レート	курс валюты
変わる	изменяться(нс)/измениться(с)
代わる	заменять(нс)/заменить(с)
ガン	рак(м)
肝炎	воспаление печени//гепатит(м)
眼科	офтальмолог(м)
(〜に)関して	касаться(нс)/коснуться(с)
考える	думать/размышлять
考え	мысль(ж)//идея(ж)
感覚	чувство(ср)//ощущение(ср)
環境	обстановка(ж)//экологическая среда
環境破壊	загрязнение окружающей среды
缶づめ	консервы(мн)
関係	отношение(ср)//связь(ж)
観光	туризм(м)//экскурсия(ж)
観光客	турист(м)
観光ビザ	туристическая виза
感謝する	благодарить
患者	пациент(м)
感情	эмоция(ж)//чувство(ср)
肝臓	печень(ж)
感想	впечатление(ср)
簡単な	простой/-то
監督(スポーツ/映画/演劇)	главный тренер//режиссёр//постановщик
乾杯	тост
がんばる	стараться(нс)/по-(с)
がんばれ！	держись!
看板	вывеска(ж)
木	дерево(ср)
気が大きい	снисходительный
気が重い	не охота
気が狂う	сходить(нс)/сойти(с) с ума

気に入る	нравиться(нс)/по-(с)
気になる	беспокоиться
気をつける	быть осторожным
気温	температура воздуха
機械	машина(ж)/механизм(м)
機会	случай(м)/шанс(м)
着替える	переодеваться(нс)/переодеться(с)
期間	период (м)/срок(м)
気管支炎	бронхит(м)
効く	действовать(нс)/по-(с)
期限	срок(м)
気候	климат(м)
キス	поцелуй(м)
傷	рана(ж)//порез(м)//ссадина(ж)
規則	правило(ср)
奇跡	чудо(ср)
季節	сезон(м)//время года
期待する	надеяться на (что)
きたない	грязный/-но//нечистый
基地	военная база
貴重品	ценные вещи
切手	марка(ж)
機内持ち込み(手荷物)	ручная кладь
記入する	записывать(нс)/записать(с)
絹	шёлк(м)
記念	память(ж)
記念日	годовщина(ж)
きびしい	строгий
希望する	желать
奇妙な	странный/-но
義務	долг(м)//обязанность(ж)
決める	решать(нс)/решить(с)/определять(нс)/определить(с)
気持ち	чувство(ср)//настроение(ср)//желание(ср)
気持ちいい	приятный/-но//уютный/-но
気持ち悪い	неприятный/-но//неуютный/-но
疑問	вопрос(м)//сомнение(ср)
客	гость(м)
キャッシュカード	банковская карточка
キャンセルする	отменять(нс)/отменить(с)//аннулировать
キャンセル待ちをする	ждать аннулированный билет/-нное место
休暇(学校/会社)	каникулы(мн)//отпуск(м)
救急車	машина скорой помощи
休憩	перерыв(м)
教会	церковь(ж)
協会	ассоциация(ж)//организация(ж)//общество(ср)
牛乳	молоко(ср)
急用	срочное дело
救命	спасение жизни
給料	зарплата(ж)
旧暦(ユリウス暦)	юлианский календарь
教育	образование(ср)//воспитание(ср)
行儀がいい	(у кого) хорошие манеры
行儀が悪い	(у кого) плохие манеры
教科書	учебник(м)
競技場	спортивная площадка
狂牛病	коровье бешенство
共産主義	коммунизм(м)
教師(学校/大学)	учитель(м)//преподаватель(м)
行事	мероприятие(ср)
競争	конкуренция(ж)//соревнование(ср)
郷土料理	местное народное блюдо
興味がある	интересоваться (чем)
協力する	сотрудничать/содействовать
許可	разрешение(ср)

極東	дальний восток ダーリニィー ヴァストーク		癖	привычка(ж)//навык(м) プリヴィチカ//ナヴィク
距離	дистанция(ж)//расстояние(ср) ヂスタンーツィヤ//ラッスタヤーニエ		糞	дер(-ь-)мо(ср) ヂリモー
キリスト教	христианство(ср) フリスチアーンストヴァ		くだもの	фрукты(мн) フルゥークトゥィ
切る	резать(нс)/раз-(с) レーザチ/ラズ-		くだらない	фигня//ерунда//пустяк//мелочь//чепуха フィグニャー//イルンダー//プースチャーク//ミェーラチ//チプハー
着る	носить/одеваться в (что) ナスィーチ/アヂヴァーッツャ フ		クジ	жребий(м) ジレービィー
きれいな	красивый/-во クラスィーヴィイ/-ヴァ		口が軽い	(у кого) язык без костей イズィーク ベス カスチェーイ
キログラム	килограмм キラグラーマ		口が悪い	дерзкий на язык チェールスキィー ナ イズィーク
キロメートル	километр キラミェートゥル		口紅	губная помада グブナーヤ パマーダ
金	золото(ср) ゾーラタ		靴	обувь(ж) オーブヴィ
銀	серебро(ср) スィレブロー		くつした	носки(мн) ナスキィー
禁煙する	бросать курить ブラサーチ クゥリーチ		熊	медведь(м) ミドヴェーチ
禁煙席	места для некурящих ミェスター ドゥリャ ニクゥリヤーッシィフ		国	страна(ж)//государство(ср) ストゥラナー//ガスゥダールストヴァ
近眼	близорукость(ж) ブリザルーカスチ		首になる(解雇)	быть уволен/увольняться(нс)/уволиться(с) ブィチ ウヴォーリェン//ウヴァリニャーッツァ/ウヴォーリッツァ
緊急な	чрезвычайный//экстренный チリズヴィチャーイヌィ//エークストゥレンヌィ		クモ	паук(м) パウーク
禁止	запрещение(ср) ザプレッシェーニエ		雲	облако(ср)//туча(ж) オーブラカ//トゥーチャ
近所	поблизости(мн) パブリーザスチィー		くもり	пасмурная/облачная погода パースムゥルナヤ/オーブラチナヤ パゴーダ
近代化	модернизация(ж) マデルニザーツィヤ		暗い	тёмный/темно//мрачный チョームヌィ/チムノー//ムラーチヌィ
緊張する	напрягаться(нс)/напрячься(с) ナプリガーッツァ/ナプリャーチスャ		クラスメート(学校/大学)	одноклассник(м)-ица(ж)//однокурсник(м)-ица(ж) アドゥナクラースニク-ニッツァ//アドゥナクールスニク-ニッツァ
金髪	светлые волосы スヴェートゥルィエ ヴォーラスィ		比べる	сравнивать(нс)/сравнить(с) с (чем) スラーヴニヴァチ/スラヴニーチ ス
勤勉な	трудолюбивый トゥルダリュビーヴィイ		グラム	грамм グラーム
区	район(м) ライオーン		くり返す	повторять(нс)/повторить(с) パフタリャーチ/パフタリーチ
空気	воздух(м) ヴォーズドゥフ		くり返して!	Повторите! パフタリーチェ
偶然に	случайно//нечаянно スルゥチャーイナ//ニチャーヤンナ		クリーニング	стирка(ж)//химчистка(ж) スチールカ//ヒミチーストゥカ
クギ	гвоздь(м) グヴォースチ		来る(徒歩/乗り物)	приходить(к)/прийти(нк)/приезжать(к)/приехать(нк) プリハヂーチ/プリイッチー//プリイェッジャーチ/プリイェーハチ
草	трава(ж) トゥラヴァー		クレジットカード	кредитная карточка クリヂートゥナヤ カールタチカ
くさい	плохо пахнет//воняет プローハ パーフニェットゥ//ヴァニャーエトゥ		クレムリン	Кремль(м) クリェームリ
腐る	портиться(нс)/ис-(с)//гнить ポールチッツァ/イス-//グニーチ		苦労する	переживать(нс)/пережить(с) трудности ピリジィヴァーチ/ピリジィーチ トゥルードゥナスチ
腐りやすい	скоропортящийся スカラポールチャッシィーサャ		クロスカントリー・スキー	спортивно-беговые лыжи(мн) スパルチーヴナ ベーガヴィエ ルィジィー
くし(串)	вертел(м) ヴェールチル		加える	добавлять(нс)/добавить(с) ダバヴリャーチ/ダバーヴィチ
くし(櫛)	расчёска(ж) ラスチョースカ		くわしい	подробный//детальный パドゥローブヌィ//チターリヌィ
苦情を言う	жаловаться на (что) ジャーラヴァッツァ ナ		軍隊	войско(ср)//армия(ж) ヴォーイスカ//アールミヤ
くすぐったい	щекотно シィコートゥナ		軍人	солдат(м) サルダートゥ

経営する	управлять(нс)/управить(с) (чем)
計画	план(м)
経験	опыт(м)
敬虔な	религиозный//благочестивый
経済	экономика(ж)
経済危機	экономический кризис
経済成長	экономическое развитие
警察	милиция(ж)//полиция(ж)
警察官	милиционер(м)//полицейский(м)
警察派出所	пост милиции
芸術	искусство(ср)
芸術家	художник(м)
芸術品	произведение искусства
携帯電話	мобильный/сотовый телефон//мобильник(м)
軽薄な	легкомысленный
経費	расходы(мн)
軽べつする	презирать
刑務所	тюрьма(ж)
契約書	письменный договор
ケガ	рана(ж)//ранение(ср)
外科	хирургическое отделение
毛皮	мех(м)/меха(мн)
ケーキ	торт(м)
劇	спектакль(м)
劇場	театр(м)
下剤	слабительное(ср)
景色	вид(м)//пейзаж(м)
消しゴム	ластик(м)//(стиральная)резинка(ж)
化粧品	косметика(ж)
けちな	скупой(м)
血圧	кровяное давление
血液型	группа крови
結果	результат(м)
結核	туберкулёз(м)
月経	менструация(ж)
結婚する(男/女)	жениться на(ком) (м)/выйти замуж за (кого) (ж)
結婚式	свадьба(ж)
欠席	отсутствие(ср)//неявка(ж)
欠点	недостаток(м)
ゲップ	отрыжка(ж)
解熱剤	жаропонижающее средство
ゲーム	игра(ж)
けむり	дым(м)
下痢をする	(у кого) понос
下痢どめ	закрепляющее средство
ける	пинать
県	префектура(ж)
原因	причина(ж)
ケンカする	драться
見学する	посещать(нс)/посетить(с)//осматривать(нс)/осмотреть(с)
元気	крепкое здоровье//бодрость
研究する	исследовать
健康	здоровье(ср)
現在	настоящее время
検査	проверка(ж)
研修	практика(ж)//повышение квалификации
原子力	атомная энергия
原子爆弾	атомная бомба
原子力発電所	АЭС(атомная электростанция)
現像	проявление(ср)
建築	архитектура(ж)
現地の	местный
憲法	конституция(ж)
権利	право(ср)

権力	власть(ж) ヴラースチ		工場	завод(м)//фабрика(ж) ザヴォートゥ//ファーブリカ
賢明な	мудрый ムードゥルィ		香辛料	специи(мн)//пряности(мн) スペーツィイ//プリャーナスチイ
濃い	крепкий//густой クリェープキィ//グストーイ		香水	духи(мн)//парфюмерия(ж) ドゥヒー//パルフュメーリヤ
語彙	запас слов ザパース スローフ		洪水	наводнение(ср) ナヴァドゥニェーニエ
コイン	монетка(ж)//жетон(м) マニェートゥカ//ジェトーン		高層ビル	высотное здание(ср)//небоскрёб(м) ヴィソートゥナエ ズダーニエ//ニェバスクリョープ
こう(このように)	так//таким образом タ−ク//タキーム オーブラゾム		高速道路	автострада(ж) アフタストゥラーダ
行為	поступок(м)//поведение(ср)//действие(ср) パストゥーパク//パヴィヂェーニエ//チェイストゥヴィエ		紅茶	(чёрный) чай (チョールヌィ)チャーイ
合意	согласие(ср)//договорённость(ж) サグラースィエ//ダガヴァリョーンナスチ		交通	транспорт(м)//сообщение(ср)//уличное движение トゥラーンスパルトゥ//サアプシェーニエ//ウーリチナエ ドヴィチェーニエ
公演	выступление(ср)//представление(ср) ヴィストゥプリェーニエ//プリッツタヴリェーニエ		交通事故	автокатастрофа(ж)//авария на транспорте アフタカタストゥローファ//アヴァーリヤ ナ トゥラーンスパルチェ
公園	парк(м) パールク		強盗	грабитель(м)//разбойник(м) グラビーチリ//ラズボーイニク
効果	эффект(м)//действие(ср) エッフェークトゥ//チェイストゥヴィエ		公平	справедливость(ж) スプラヴィドゥリーヴァスチ
豪華な	пышный//роскошный プィシヌィ//ロースカシヌィ		公務員	служащий общественных учреждении スルジャーッシィー アブッシェーストヴェンヌィフ ウチリジェーニィー
航海	мореплавание(ср) マリプラヴァーニエ		小売り	розничная продажа ローズニチナヤ プラダージャ
後悔する	раскаиваться(нс)/раскаяться(с) в (чём) ラスカーイヴァッツァ/ラスカーヤッツァ ヴ		合理的な	рациональный ラツィアナーリヌィ
公害	загрязнение окружающей среды ザグリズニェーニエ アクルジャーユッシェイ スリドゥィー		交流	обмен(м)//общение(ср) アブミェーン//アブシェーニエ
郊外	пригород(м) プリーガラトゥ		声	голос(м) ゴーラス
合格する	сдать ズダーチ		大きな声	громкий голос グロームキィー ゴーラス
交換する	обменивать(нс)/обменять(с) アブミェーニヴァチ/アブミニャーチ		小さな声	тихий голос チーヒィー ゴーラス
高貴な	благородный ブラガロードゥヌィ		氷	лёд(м) リョートゥ
好奇心	любопытство(ср) リュバプィッツトゥヴァ		こおる	замерзать(нс)/замёрзнуть(с) ザミルザーチ/ザミョールヌチ
講義	лекция(ж) リェークツィヤ		誤解する	понимать неправильно パニマーチ ニプラーヴィリナ
工業	промышленность(ж) プラムィシリェンナスチ		コカコーラ	Кока-Кола コカ コーラ
航空券	авиабилет(м) アヴィアビリェトゥ		小切手	чек(м) チェック
航空会社	авиакомпания(ж) アヴィアカンパーニヤ		ゴキブリ	таракан(м) タラカーン
高血圧	высокое давление ヴィソーカヤ ダヴリェーニエ		故郷	родина(ж) ローヂナ
口語	устная речь//разговорный язык ウースナヤ リェーチ//ラズガヴォールヌィ イズィーク		国際電話	международный телефон/разговор ミェジドゥナロードゥヌィ チリフォーン/ラズガヴォール
交互に	попеременно パピリミェーンナ		国籍	гражданство(ср) グラジダーンストヴァ
広告	реклама(ж)//объявление(ср)//афиша(ж) リクラーマ//アブイヴリェーニエ//アフィーシャ		国民	гражданин(м)//гражданка(ж)//народ(м) グラジダニーン//グラジダーンカ//ナロートゥ
口座	счёт (в банке) ショートゥ(ヴ バーンケ)		国立の	государственный ガスウダールストヴェンヌィ
口座番号	номер счёта ノーミェル ショータ		こげる	подгорать(нс)/подгореть(с) パドゥガラーチ/パドゥガリェーチ
公衆電話	телефон-автомат チリフォーン アフタマートゥ		ここ	здесь ズヂェースィ
公衆トイレ	общественный туалет アブッシェーストヴェンヌィ トゥアリェートゥ		ココア	какао(ср) カカーオ

ここ～さい

心	душа(ж)//сердце(ср) ドゥシャー//スェールッツェ
乞食	нищий(м)//БОМЖ ニーッシィー//ボームシ
コショウ	чёрный/белый перец チョールヌィ/ベールィ ピェーリツ
故障する	ломаться(нс)/с-(с) ラマーッツァ/ス-
個人	индивидуал(м)//частное лицо インディヴィドゥアール//チャースナヤ リッツォー
個性的な	оригинальный//уникальный アリギナーリヌィ//ウニカーリヌィ
小銭	мелочь(ж) ミェーラチ
答える	отвечать(нс)/ответить(с) アトゥヴィチャーチ/アトゥヴェーチチ
国歌	гимн(м) ギムン
国旗	государственный флаг ガスダールストヴェンヌィ フラーク
国境	граница(ж) グラニーッツァ
コック	повар(м) ポーヴァル
骨折	перелом кости ピリローム コースチー
小包	посылка(ж)//бандероль(м) パスィールカ/バンデローリ
コップ	стакан(м)//кружка(ж) スタカーン//クルーシカ
コード	провод(м)//шнур(м) プローヴァトゥ//シヌール
孤独な	одинокий アヂノーキィー
ことば	слово(ср)/-ва(мн) スローヴァ/スラヴァー
こどもっぽい	детский ヂェーツキィー
ことわざ	пословица(ж) パスローヴィッツァ
ことわる	отказываться(нс)/отказаться от (чего) アトゥカーズィヴァッツァ/アトゥカザーッツァ アトゥ
この	этот エータトゥ
このように	таким образом タキーム オーブラゾム
コピー	ксерокопия(ж)//копия(ж) クスィラコーピヤ//コーピヤ
ゴミ	мусор(м) ムーサル
ゴミ箱	мусорный ящик/урна(ж) ムーサルヌィ ヤーッシィク//ウールナ
小麦	пшеница(ж) プシニーッツァ
小麦粉	мука(ж) ムゥカ
これ	это エータ
コレラ	холера(ж) ハレーラ
殺す	убивать(нс)/убить(с) ウビヴァーチ/ウビーチ
ころぶ	сваливаться(нс)/свалиться(с) スヴァーリヴァッツァ/スヴァリーッツァ
こわい	страшный ストゥラーシヌィ
こわす	ломать(нс)/с-(с)//разрушать(нс)/разрушить(с) ラマーチ/ス-//ラズルゥシャーチ/ラズルゥシーチ
こわれる	ломаться(нс)/с-(с)//разбиваться//разрушаться ラマーッツァ/ス-//ラズビヴァーッツァ//ラズルゥシャーッツァ
コンクリート	бетон(м) ビトーン
コンクール	конкурс(м) コーンクゥルス
混雑	толкотня(ж) タルカトゥニャー
コンサート	концерт(м) カンツェールトゥ
コンセント	розетка(ж) ラズェートゥカ
コンタクトレンズ	контактные линзы カンタークトゥヌィエ リーンズィ
コンディション	форма(ж)//состояние(ср)//условия(мн) フォールマ//サスタヤーニエ//ウスローヴィヤ
コンドーム	презерватив(м) プリズィルヴァチーフ
コントロール	контроль(м)//управление(ср) カントゥローリ//ウプラヴレーニエ
混乱	беспорядок(м)//хаос(м) ビスパリャーダク//ハーオス
コンピューター	компьютер(м) カンピューチル
婚約する	обручаться アブルゥチャーッツァ

さ 行

最悪の	самый худший サームィ フートゥシィー
災害	бедствие(ср) ビェーツトゥヴィエ
最近	в последнее время フ パスリェードゥニイェ ヴレーミャ
細菌	бактерии(м)//микроб(м) バクチェーリィー//ミクローブ
最後	конец(м) カニェーツ
最高の	самый лучший サームィ ルーチシィー
最少の	самый маленький//минимальный サームィ マーリィンキィー//ミニマーリヌィ
サイコロ	игральная кость イグラーリナヤ コースチ
最初	начало(ср) ナチャーラ
最小の	самый маленький サームィ マーリィンキィー
最新の	новейший/последний ナヴェイシィー/パスリェードゥニー
サイズ	размер(м) ラズミェール
最大の	самый большой//максимальный サームィ バリショーイ//マクスィマーリヌィ
才能	талант(м)//способности(мн) タラーントゥ//スパソーブナスチー
裁判所	суд(м) スゥートゥ

サイフ	кошелёк(м) カシィリョーク
材料	материал(м) マチリアール
サイン	подпись(ж)//автограф(м)//сигнал(м) ポートゥピスィ//アフトゥグラフ//スィグナール
サウナ(バーニャ)	баня(ж) バーニャ
坂	склон(м)//подъём(м) スクローン//パドゥヨーム
探す	искать イスカーチ
魚	рыба ルゥィバ
酒場	бар バール
咲く	цвести ツヴィスチー
鮭	кета(ж)//сёмга(ж)//лосось(м) キター//スョームガ//ラソースィ
桜	вишня(ж)//сакура(ж) ヴィーシニャ//サークラ
酒(アルコール)	алкогольный//спиртной напиток//сакэ(ср) アリカゴーリヌィ//スピルトゥノーイ ナピータク//サケ
酒飲み	пьяница(ж) ピヤーニッツァ
さけぶ	крикнуть(нс)//кричать(с) クリクヌーチ/クリチャーチ
避ける	избегать(нс)//избежать(с) イズビガーチ/イズビジャーチ
差出人	адресант(м) アドゥリサーントゥ
指す	указывать(нс)//указать(с) на (что) ウカーズィヴァチ/ウカザーチ ナ
座席	место(ср)//сиденье(ср) ミェースタ//スィヂェーニエ
さそう	приглашать(нс)//пригласить(с) プリグラシャーチ/プリグラスィーチ
撮影禁止	воспрещена фотосъёмка ヴァスプリッシィナー フォトスヨームカ
冊子	буклет(м) ブクリェートゥ
雑誌	журнал(м) ジュルナール
砂漠	пустыня(ж) プストゥィニャ
さびしい	грустный/-но//одинокий グルースヌィ/-ナ//アヂノーキィー
さむい	холодный/-но ハロードゥヌィ//ホーラドゥナ
さめる	остывать(нс)//остыть(с) アストゥィヴァーチ/アストゥィチ
皿	тарелка(ж)//блюдо(ср)//блюдце(ср) タリェールカ//ブリューダ//ブリュッツェ
サラダ	салат(м) サラートゥ
さわる	трогать(нс)//тронуть(с)//касаться(нс)//коснуться(с) トゥローガチ//トゥローヌチ//カサーッツァ//カスヌーッツァ
三角	треугольник(м) トゥリウゴーリニク
サンダル	босоножки(мн) バサノーシキィー
サンドイッチ	сендвич(м) センドゥヴィチ
残念	жаль ジャーリ
散髪する	стричься(нс)//под-(с) ストゥリーチシャ/パッ-
産婦人科	акушерство и гинекология アクゥシェールストヴァ イ ギニカローギヤ
散歩する	гулять グゥリャーチ
詩	поэзия(ж)//стихи(мн)//стихотворение(ср) パエーズィヤ//スチヒー//スチハトゥヴァリェーニエ
試合	матч(м)//соревнование(ср)//встреча(ж) マッチ//サリヴナヴァーニエ//フストゥレーチャ
しあわせ	счастье(ср) シャースチエ
寺院	храм(м) フラーム
しおからい	солёный//пересолёный サリョーンヌィ//ピリサリョーンヌィ
市外局番	код города コートゥ ゴーラダ
資格	права(мн)//лицензия(ж) プラヴァー//リツェーンズィヤ
四角	квадрат(м) クヴァドゥラートゥ
しかし	но//однако//тем не менее ノ//アドゥナーカ//チェーム ニ メーニィエ
試験	экзамен(м)//испытание(ср) エグザーミェン//イスプィターニエ
資源	ресурсы(мн) リスールスィ
事故	происшествие(ср)//авария(ж) プライスシェーストゥヴィエ//アヴァーリヤ
仕事	работа(ж) ラボータ
辞書	словарь(м) スラヴァーリ
時差	разница времени ラーズニッツァ ヴレーミニィー
しずかな	тихий//тихо チーヒィー//チーハ
施設	заведение(ср) ザヴィヂェーニエ
自然	природа(ж) プリローダ
子孫	потомок(м)//потомство(ср) パトーマク//パトームストゥヴァ
下へ	вниз ヴニース
時代遅れ	старомодный スタラモードゥヌィ
試着する	примерить プリミェーリチ
シーツ	простыня(ж) プラストゥィニャー
実業家	бизнесмен(м)//предприниматель(м) ビズネスミェーン//プリトプリニマーチリ
失業する	терять работу チリャーチ ラボートゥー
しつけ	воспитание(ср) ヴァスピターニエ
しつこい	назойливый ナゾーイリヴィ
実際は	на самом деле ナ サーマム チェーリェ

嫉妬する	ревновать (кого) к (кому)
湿度	влажность(ж)
失敗	неудача(ж)//провал(м)
湿布	компресс(м)
質問	вопрос(м)
失礼な	невежливый/-во
自転車	велосипед(м)
自動の	автоматический
自動車	машина(ж)//автомобиль(м)
自動販売機	автомат(м)
死ぬ	умирать(нс)/умереть(с)
支配人	менеджер(м)//директор(м)//управляющий(м)
しばしば	часто
耳鼻咽喉科	оториноларинголог(м)
自分	сам/себя
紙幣	банкнота(ж)
脂肪	жир(м)
しぼる	выжимать(нс)/выжать(с)
資本主義	капитализм(м)
資本家	капиталист(м)
島	остров(м)
自慢する	гордиться
地味な	неяркий//незаметный
事務所	офис(м)//контора(ж)
氏名	имя и фамилия
しめった	сырой//мокрый//влажный
閉める	закрывать(нс)/закрыть(с)
地面	земля(ж)//почва(ж)
社会	общество(ср)
市役所	муниципалитет(м)
蛇口	кран(м)
写真	фотография(ж)
写真屋	фотомагазин(м)
社長	директор компании/фирмы
借金	долг(м)//заём(м)
シャッター	затвор(м)
ジャーナリスト	журналист(м)/-ка(ж)
じゃまをする	мешать
ジャム	джем(м)//варенье(ср)
シャワー	душ(м)
シャンプー	шампунь(м)
自由	свобода(ж)
自由化	либерализация(ж)
十代の若者(ローティーン)	подросток(м)
習慣	привычка(ж)//обыкновение(ср)//обычай(м)
宗教	религия(ж)
住所	адрес(м)//местожительство(ср)
渋滞	пробка(ж)//задержка(ж)//застой(м)
重体	тяжёлое состояние
集中する	сосредоточивать(нс)/сосредоточить(с)
収入	доход(м)
充分な	достаточный/-но
修理する	чинить(нс)/по-(с)//ремонтировать
授業	урок(м)//занятие(ср)
宿題	домашнее задание/домашка(ж)//уроки(мн)
手術	операция(ж)
首相	премьер-министр(м)
ジュース	сок(м)
出血	кровотечение(ср)
出国	выезд (из какой-либо страны)
出産	роды(мн)//рождение ребёнка
出張	командировка(ж)
出発する	отправляться(нс)/отправиться(с)
出発時間	время отправления

出版社	издательство(ср) イズダーチリストゥヴァ
首都	столица(ж) スタリーツァ
主婦	домохозяйка(ж) ダマハジャーイカ
趣味	хобби(ср) ホビー
種類	вид(м)//род(м)//сорт(м)//порода(ж) ヴィートゥ//ロートゥ//ソールトゥ//パローダ
純粋な	чистый チーストゥイ
準備する	готовиться к (чему) ガトーヴィッツァ ク
賞	приз(м)//награда(ж)//премия(ж) プリース//ナグラーダ//プレーミヤ
紹介する(人を)	знакомить (кого) с (кем) ズナコーミチ ス
正月	новый год/новогодние праздники ノーヴィ ゴートゥ/ナヴァゴードゥヌィエ プラーズニキー
状況	ситуация(ж)//состояние(ср)//обстановка(ж) スィトゥアーツィヤ//サスタヤーニエ//アプスタノーフカ
条件	условие(ср) ウスローヴィエ
証拠	доказательство(ср)//свидетельство(ср) ダカザーチリストゥヴァ//スヴィヂェーチリストゥヴァ
上司	босс(м)//начальник(м) ボース//ナチャーリニク
正直な	честный チェースヌィ
上手な	искусный//умелый//ловкий イスクースヌィ//ウミェールィ//ローフキー
少数民族	национальное меньшинство ナツィアナーリナヤ メニシンストゥヴォー
招待	приглашение(ср) プリグラシェーニエ
じょうだん	шутка(ж) シュートゥカ
消毒	дезинфекция(ж) ディズインフェークツィヤ
商人	коммерсант(м)//торговец(м) カミェルサーントゥ//タルゴーヴェツ
商売	торговля(ж)//бизнес(м) タルゴーヴリャ//ビーズネス
上品	утончённый//изысканный ウタンチョーンヌィ//イズィースカンヌィ
小便	моча(ж) マチャー
情報	информация(ж) インファルマーツィヤ
消防車	пожарная машина パジャールナヤ マシーナ
証明書	документ(м)/удостоверение(ср)/сертификат(м) ダクミェーントゥ//ウダストヴィレーニエ//セルティフィカートゥ
条約	договор(м)/соглашение(ср) ダガヴォール//サグラシェーニエ
しょうゆ	соевый соус ソーエヴィ ソウス
将来	будущее(ср) ブードゥッシェエ
植物	растение(ср) ラスチェーニエ
植物園	ботанический сад バタニーチスキー サートゥ
食欲	аппетит(м) アペチートゥ
書類	документ(м) ダクミェーントゥ
調べる	проверять(нс)/проверить(с) プラヴィリャーチ/プラヴェーリチ
私立	частный チャースヌィ
シングルルーム	одноместный номер アドナミェースヌィ ノーミル
神経	нерв(м) ニェールフ
神経質な	нервный ニェールヴヌィ
人口	численность населения チースリェンナスチ ナスィリェーニヤ
申告	заявление(ср)/декларация(ж) ザイヴリェーニエ//ヂクララーツィヤ
深刻	серьёзный スィリョーズヌィ
新婚夫婦	новобрачные ノヴォブラーチヌィエ
新婚旅行	свадебное путешествие スヴァヂェーブナエ プチシェーストゥヴィエ
診察	(медицинский)осмотр (ミヂツィンスキー)アスモートゥル
真実	истина(ж)//правда(ж) イースチナ//プラーヴダ
真珠	жемчуг(м)//жемчужина(ж) ジムチューク//ジムチュジーナ
人種	раса(ж) ラーサ
人種差別	расизм(м)//расовая дискриминация ラスィーズム//ラーサヴァヤ ディスクリミナーツィヤ
信じる	верить ヴェーリチ
ジーンズ	джинсы(мн) ジーンスィ
申請	заявление(ср) ザイヴリェーニエ
親戚	родственник(м)/-ки(мн) ロートゥヴェンニク/-キー
親切な	любезный リュベーズヌィ
新鮮	свежий スヴェージー
心臓	сердце(ср) スェールッツェ
腎臓	почка(ж) ポーチカ
身体障害者	инвалид(м) インヴァリートゥ
身長	рост(м) ローストゥ
心配する	беспокоится(с) о (чём-ком) ビスパコーイッツァ
新聞	газета(ж) ガズェータ
じんましん	крапивница(ж) クラピーヴニッツァ
信頼する	доверять(нс)/доверить(с) ダヴィリャーチ/ダヴェーリチ
酢	уксус(м) ウークスゥス

巣	гнездо(ср)
水泳	плавание(ср)
彗星	комета(ж)
推薦	рекомендация(ж)
スイッチ(ボタン)	кнопка(ж)
水道	водопровод(м)
好き	(что-кому) нравиться(нс)/по-(с)
スキー(山の)	горные лыжи(мн)
(クロスカントリー)	спортивно-беговые лыжи(мн)
すぐに	сразу/сейчас же//непременно//скоро
スゲエ!やるじゃん!	клёво!//круто!//офигенно!//Я балдею./Ну,ты даёшь!
スター	звезда(ж)
スチュワーデス	стюардесса(ж)//бортпроводница(ж)
スーツケース	чемодан(м)
すっぱい	кислый
ステーキ	бифштекс(м)
すでに	уже
すてる	бросать(нс)/бросить(с)
ストロー	соломинка(ж)
砂	песок(м)
素直な	послушный
スニーカー	кеды(мн)
すばらしい	прекрасный/-но//замечательный/-но//отличный/-но
スパゲッティー	спагетти(мн)
スピード	скорость(ж)
すべて	всё(ср)/весь(м)/вся(ж)/все(мн)
すべりやすい	скользкий
すべる	скользить(нс)/скользнуть(с)
炭	уголь(м)
住む	жить
スリ	карманщик(м)/карманный вор
するどい	острый/-ро//резкий/-ко

すわる	садиться(нс)/сесть(с)
性	пол(м)
誠意	искренность(ж)//честность(ж)
性格	характер(м)/свойство(ср)
正確な	правильный/точный//верный//пунктуальный
生活	жизнь(ж)
生活費	расходы на жизнь
世紀	век(м)
正義	справедливость(ж)
請求する	требовать(нс)/по-(с)
請求書	счёт(м)
税金	налог(м)
清潔な	чистый/-то
制限	ограничение(ср)/предел(м)
成功する	удаваться(нс)/удаться(с)
政治	политика(ж)
政治家	политик(м)
聖書	библия(ж)
精神	дух(м)//психика(ж)
精神病院	психиатрическая больница
精神病	психическая болезнь
製造する	производить(нс)/произвести(с)
製造業	производитель(м)
ぜいたくな	роскошный
成長する	расти(нс)/вы-(с)
性病	венерические болезни(мн)
政府	правительство(ср)
生理用品	гигиеническая прокладка
世界	мир(м)//свет(м)
席	место(ср)
咳	кашель(м)
責任	ответственность(ж)//обязанность(ж)

石油	нефть(ж) ニェーフチ
赤痢	дизентерия(ж) ヂィゼンテリーヤ
積極的	позитивный/-но//активный/-но パズィチーヴヌィ/-ナ//アクチーヴヌィ/-ナ
セックスする	заниматься любовью ザニマーッツァ リュボーヴィュ
石鹸	мыло(ср) ムィラ
接続	соединять(нс)/соединить(с)//подключать(нс)/подключить(с) サイヂニャーチ/サイヂニーチ//パトゥクリュチャーチ/パトゥクリュチーチ
絶対に	обязательно アビザーチリナ
説明する	объяснять(нс)/объяснить(с) アブイスニャーチ/アブイスニーチ
節約する	экономить(нс)/с-(с) エカノーミチ/ス-
せまい(幅/場所)	узкий/-ко//тесный/-но ウースキィー/-カ//チェースヌィ/-ナ
ゼロ	ноль(м)//нуль(м) ノーリ//ヌーリ
セロテープ	скотч スコッチ
世話する	ухаживать за (кем) ウハージヴァチ ザ
線	линия(ж) リーニヤ
選挙	выборы(мн) ヴィバルィ
専攻	специализация(ж)//специальность(ж) スピツィアリザーツィヤ//スピツィアーリナスチ
洗剤	моющее средство モーユッシェエ スレーツトゥヴァ
戦車	танк(м) ターンク
全然(口/俗)	совсем//ни фига サフセーム//ニ フィガー
先祖	предок(м) プレーダク
戦争	война(ж)//бой(м) ヴァイナー//ボーイ
洗濯する	стирка(ж) スチールカ
～の全部を	полностью//целиком ポールナスチュ//ツェリコーム
専門学校	училище(ср) ウチーリッシェ
倉庫	склад(м) スクラートゥ
そうじ	уборка(ж)//чистка(ж) ウボールカ/チーストゥカ
葬式	похороны(мн) ポーハラヌィ
想像する	представлять(нс)/представить(с) プリッタヴリャーチ/プリッターヴィチ
相談	совет(м)//консультация(ж) サヴェートゥ//カンスリターツィヤ
そこ	там タム
底	дно(ср) ドゥノー
ソース	соус(м) ソウス

そだてる	воспитывть(нс)/воспитать(с) ヴァスピートゥィヴァチ/ヴァスピターチ
卒業	окончание (чего) アカンチャーニエ
染める	красить(нс)/по-(с) クラースィチ/パ-
空	небо(ср) ニェーバ
剃る	брить(нс)/по-(с) ブリーチ/パ-
それ	то(ср)/тот(м)/та(ж)/те(мн) トー/トーットゥ/ター/チェー
それとも	или イーリィ
それら	те(мн) チェー
損害	убыток(м)//потеря(ж)//ущерб(м) ウブィタク//パチェーリャ//ウッシェールブ
尊敬する	уважать ウヴァジャーチ

た 行

ダイエット	диэта(ж) ヂエーッタ
体温	температура (тела) チンピラトゥーラ (チェーラ)
体温計	градусник(м) グラードゥスニク
大学(総称/総合/単科)	вуз/университет(м)/институт(м)//колледж(м) ヴース//ウニヴィルスィチェートゥ//インスチトゥートゥ//コーリッジ
大学生(男/女)	студент(м)/-ка(ж) ストゥヂェーントゥ/-カ
大工	плотник(м) プロートニク
たいくつな	скучный/-но スクーシヌィ/-ナ
大使	посол(м) パッソール
大使館	посольство(ср) パッソーリストゥヴァ
体重	вес(м) ヴェース
だいじょうぶ	всё в порядке//ничего//нормально フショー フ パリャートゥケ//ニチヴォー//ナルマーリナ
大切な	важный/-но ヴァージヌィ/-ナ
大統領	президент(м) プレズィヂェーントゥ
台所	кухня(ж) クーフニャ
第2次世界大戦	вторая мировая война フタラーヤ ミラヴァーヤ ヴァイナー
台風	тайфун(м) タイフーン
逮捕する	арестовать//задержать アリスタヴァーチ//ザヂルジャーチ
題名	тема(ж)//заглавие(ср) チェーマ//ザグラーヴィエ
ダイヤモンド	алмаз(м) アルマース
太陽	солнце(ср) ソーンツェ

代理人	заместитель(м)//представитель(м) ザミスチーチリ / プリッタヴィーチリ
耐える	терпеть(нс)/по-(с) チェルペーチ / パ-
タオル	полотенце(ср) パラテーンツェ
たおれる	падать(нс)/упасть(с)//сваливаться(нс)/свалиться(с) パーダチ / ウパースチ // スヴァーリヴァッツァ / スヴァリーッツァ
高い(値段)	дорогой/-го ダラゴーイ / ドーラガ
焚き火	костёр(м) カスチョール
抱く	обнимать(нс)/обнять(с) アブニマーチ / アブニャーチ
タクシー乗り場	стоянка такси スタヤーンカ タクスィー
たしかめる	уточнять(нс)/уточнить(с) ウタチニャーチ / ウタチニーチ
足す	добавлять(нс)/добавить(с) ダバヴリャーチ / ダバーヴィチ
ダース	дюжина(ж) ジューヂナ
たすける	помогать(нс)/помочь(с) パマガーチ / パモーチ
たたかう	бороться バローッツァ
たたく	бить(нс)/по-(с)//ударять(нс)/ударить(с) ビーチ / パ- // ウダリャーチ / ウダーリチ
ただで(もらう)	бесплатно//даром//на халяву ビスプラートナ / ダーラム / ナ ハリャーヴゥ
たたむ	складывать(нс)/сложить(с) スクラードゥィヴァチ / スラジーチ
立入禁止	вход запрешён/воспрещён フホートゥ ザプリショーン / ヴァスプリショーン
立つ	стоять スタヤーチ
縦の	вертикальный/-но ヴィルチカーリヌィ / -ナ
建物	здание(ср)//стороение(ср) ズダーニエ / スタライエーニエ
建てる	строить(нс)/по-(с) ストローイチ / パ-
たとえば	например ナプリメール
他人	чужой (человек) チュジョーイ(チラヴェーク)
たのしい	весёлый/-ло ヴィショールィ / ヴェーセラ
たのしむ	веселиться ヴェスィリーッツァ
たのむ	просить(нс)/по-(с) プロースィチ / パプルスィーチ
タバコ	сигарета(ж)//табак(м) スィガリエータ / タバーク
タバコを吸う	курить クゥリーチ
ダブルルーム	двухместный номер ドゥフメースヌィ ノーミェル
たぶん	наверно//вероятно//наверняка ナヴェールナ // ヴェラヤートナ // ナヴェルニカー
食べ物	еда(ж) イダー
だます	обманывать(нс)/обмануть(с) アブマーヌィヴァチ / アブマヌーチ
ためす	испытывать(нс)/испытать(с) イスプウィートゥィヴァチ / イスプウィターチ
ためらう	стесняться(нс)/стесниться(с) スチスニャーッツァ / スチスニーッツァ
たりる	хватать(нс)/хватить(с) フヴァターチ / フヴァチーチ
だれ	кто クトー
短期	короткий срок カロートゥキィー スローク
単語	слово(ср) スローヴァ
短所	недостаток(м)//слабость(ж)//минус(м) ニダスターダク // スラーヴァスチ // ミーヌゥス
誕生日	день рождения チェーニ ラジヂェーニヤ
ダンス	танец(м) ターニェツ
団体	группа(ж)//коллектив(м) グルーッパ // カリェクチーフ
暖房	отопление(ср) アタプリェーニエ
血	кровь(ж) クローフィ
地位	позиция(ж)//пост(м) パズィーツィヤ // ポーストゥ
地域	район(м)//регион(м) ライオーン // リギオーヌィ
チェック(小切手)	чек(м) チェック
チェックアウト	выписка из гостиницы ヴゥイピスカ イズ ガスチーニッツィ
チェックイン	регистрация(ж) リギストゥラーツィヤ
近い	близкий/-ко ブリースキィー / -カ
ちがう	разный//другой//неправильный ラーズヌィ // ドゥルゴーイ // ニプラーヴィリヌィ
近づく	приближаться(нс)/приблизиться(с) プリブリジャーッツァ / プリブリージッツァ
地球	земля(ж) ズィムリャー
遅刻する	опаздывать(нс)/опаздать(с) アパーズドゥィヴァチ / アパズダーチ
知識	знание(ср) ズナーニエ
地図	карта(ж)//план(м)//схема(ж) カールタ // プラーン // スヒェーマ
地方	провинция(ж)//местность(ж) プラヴィーンツィヤ // ミェースナスチ
茶	чай(м) チャーイ
着陸	приземление(ср) プリズィムリェーニエ
茶わん	пиала(ж) ピアラー
注意して!	осторожно//внимание アスタローヂナ // ヴニマーニエ
中止	отмена(ж)//прекращение(ср) アトゥミェーナ // プリクラッシェーニエ
注射	укол(м) ウコール
注射する	сделать укол ズジェーラチ ウコール

駐車場	автостоянка(ж) アフタスタヤーンカ
中心	центр(м)//середина(ж) ツェーントゥル//セレディーナ
注文する	заказывать(нс)/заказать(с) ザカーズィヴァチ/ザカザーチ
腸	кишечник(м) キシェーチニク
蝶	бабочка(ж) バーバチカ
長所	достоинство(ср)//преимущество(ср)//плюс(м) ダストーインストゥヴァ//プリイムーッシィストゥヴァ//プリュース
ちょうど	как раз//в самый раз//ровно//точно カーク ラース//フ サームィ ラース//ローヴナ//トーチナ
調味料	приправа(ж) プリプラーヴァ
地理	география(ж) ギアグラーフィヤ
治療する	лечить リチーチ
鎮痛剤	болеутоляющее средство バリェウタリャーユッシェ スリェーツトゥヴァ
ツアー	путешествие(ср)//поездка(ж)//экскурсия(ж) プチシェーストヴィエ//パイェーストカ//エクスクールスィヤ
通貨	валюта(ж) ヴァリュータ
通過する (徒歩/乗り物)	проходить(к)/пройти(нк)//проезжать(к)/проехать(нк) プラハヂーチ/プライチー//プライジャーチ/プリィエーハチ
通訳する	переводить(нс)/перевести(с) ピリヴァヂーチ/ピリヴィスチー
通訳の人を呼んで	Позовите переводчика. パザヴィーチェ ピリヴォーッチカ
つかう	употреблять(нс)/употребить(с) ウパトゥレブリャーチ/ウパトゥレビーチ
つかまえる	схватывать(нс)/схватить(с) スフヴァートィヴァチ/スフヴァチーチ
つかれる	уставать(нс)/устать(с) ウスタヴァーチ/ウスターチ
月	луна(ж) ルゥナー
次	следующий//дальше スリェードゥユシー//ダーリシェ
土	почва(ж)//земля(ж) ポーチヴァ//ズィムリャー
つづく	продолжаться(нс)/продолжиться(с) プラダルジャーッツァ/プラドールジッツァ
つづける	продолжать(нс)/прдолжить(с) プラダルジャーチ/プラドールジチ
つつむ	заворачивать(нс)/завернуть(с) ザヴァラーチィヴァチ/ザヴィルヌーチ
つまらない	скучный/-но//неинтересный/-но スクーチヌィ/-ナ//ニインチリェースヌィ/-ナ
罪	грех(м)//вина(ж)//преступление(ср) グレーフ//ヴィナー//プリストゥプリェーニエ
つめたい	холодный/-но ハロードゥヌィ//ホーラドゥナ
つらい	тяжёлый/-ло チジョールィ/チヂロー
釣り(魚)	ужение рыбы/рибалка ウジェーニエ ルィヴィ//ルィバールカ
提案	предложение(ср) プリドラジェーニエ
ディスコ	дискотека(ж) ヂスカチェーカ

ティッシュペーパー	салфетка(ж) サルフェートゥカ
ていねいな	аккуратный/-но//тщательный/-но アックラートゥヌィ/-ナ//トゥシャーチリヌィ/-ナ
手紙	письмо(ср) ピシィモー
出口	выход(м) ヴゥィハトゥ
デザイン	дизайн(м) ヂィザーイン
デザート	десерт(м) ヂセールトゥ
手数料	коммисия(ж) カミーッスィヤ
鉄	железо(ср) ジェレーザ
てつだう	помогать(нс)/помочь(с) パマガーチ/パモーチ
手続き	процедура(ж)//оформление(ср) プラツェドゥーラ//アファルムリェーニエ
鉄道	железная дорога ジェレーズナヤ ダローガ
手荷物	ручная кладь//ручной багаж ルチナーヤ クラチ//ルチノーイ バガーシ
天気予報	прогноз погоды プラグノース パゴードゥィ
電気	электричество(ср) エリクトゥリーチストゥヴァ
電圧(ボルト)	вольтаж(м)//вольт(м) ヴォリターシ//ヴォーリトゥ
天国	рай(м) ラーイ
伝言を残す	оставлять(нс)/оставить(с) сообщение アスタヴリャーチ/アスターヴィチ サアブッシェーニエ
天才	гений(м) ゲーニィ
天災	стихийное бедствие スチヒーナヤ ビェーツトゥヴィエ
添乗員	сопровождающий(м)//экскурсовод(м) サプラヴァジダーユッシィー//エクスクゥルサヴォートゥ
伝染病	эпидемия(ж) エピヂェーミヤ
電池	батарейка(ж)/-ки(мн) バタレーイカ/-キィー
電灯	лампа(ж) ラーンパ
伝統	традиция(ж) トゥラヂーツィヤ
伝統的な	традиционный トゥラヂツィオーンヌィ
電話帳	адресная книжка アードゥリスナヤ クニーシカ
電話する	звонить(нс)/по-(с) ズヴァニーチ/パ-
電話番号	номер телефона ノーミル チリフォーナ
銅	бронза(ж) ブローンザ
とうがらし	красный/острый перец クラースヌィ/オーストゥルィ ピェーリツ
陶器	керамика(ж) キラーミカ
東京	Токио(ср) トーキオ

ちゅー↓とう

到着する	приходить(к)/прийти(нк)/приезжать(к)/приехать(нк)
到着時刻	время приезда
どうでもいい (口/俗)	всё равно//по фигу
盗難	кража(ж)
糖尿病	сахарный диабет
同封する	вложить в конверт
動物	животное(ср)
動物園	зоопарк(м)
トウモロコシ	кукуруза(ж)
登録する	регистрировать(нс)/за-(с)
遠い	далёкий/далеко
通り	улица(ж)/проспект(м)/шоссе(ср)/переулок(м)/бульвар(м)
毒	яд(м)
読書	чтение(ср)
特徴	особенность(ж)
独特な	специфический//оригинальный//своеобразный
特別な	особый//специальный
ところで	кстати//между прочим
閉じる	закрываться(нс)/закрыться(с)
都市	город(м)
図書館	библиотека(ж)
土地	земля(ж)
突然	вдруг
隣の	соседний
飛ぶ	летать(к)//лететь(нк)
徒歩で	пешком
止まる	останавливать(нс)/остановить(с)
泊まる	ночевать(нс)(с)/пере-(с)
トラ	тигр(м)
トラック	грузовик(м)
トラベラーズチェック	туристический чек
トランプ	карты(мн)
鳥	птица(ж)
とり消す	отменять(нс)/отменить(с)
努力する	трудиться//стараться
取る	взять(нс)/брать(с)
ドル	доллар(м)
泥棒	вор(м)
トンネル	туннель(м)

な 行

ない	нет
ナイフ	нож(м)
内容	содержание(ср)
直す（間違い）	исправлять(нс)/исправить(с)
治る（病気）	лечиться//выздоравливать(нс)/выздороветь(с)
長い間	долгое время
ながれる	течь
流れ星	метеор(м)
泣く	плакать
なぐる	ударять(нс)/ударить(с)
投げる	кидать(нс)/кинуть(с)
ナベ	кастрюля(ж)
生の	сырой
波	волна(ж)
なみだ	слёзы(мн)/слеза(ж)
悩む	мучиться//страдать
鳴る	звенеть(нс)/про-(с)
慣れる	привыкать(нс)/привыкнуть(с)
何個	сколько штук
何時間	сколько времени
何人	сколько человек
難民	беженцы(мн)/-нец(м)/-нка(ж)
にがい	горький/-ко

にぎやかな	оживлённый // весёлый
逃げる	убежать(нс) / убегать(с)
ニセモノ	подделка(ж)
日記	дневник(м)
似ている	похоже(ср)/-ж(м)/-жа(ж) на (что)
にぶい	тупой
日本円	японская иена
日本語	японский язык
日本酒	японское сакэ
日本食	японская кухня
入国	въезд (в какую-либо страну)
入場料	плата за вход
ニュース	новость(ж)
煮る	варить(нс)/с-(с)
庭	сад(м)
ニワトリ(雄/雌/ヒナ)	петух(м)//курица(ж)//цыплёнок(м)
人気がある	популярный/-но//пользоваться популярностью
人気がない	не популярный/-но
人形	кукла(ж)
人間	человек(м)
妊娠	беременность(ж)
妊婦	беременная женщина
脱ぐ	раздеваться(нс)/раздеться(с)
盗む	красть(нс)/у-(с)//воровать(нс)/с-(с)
布	ткань(ж)
塗る	мазать(нс)/на-(с)
ネコ(雄/雌/子猫)	кот(м)//кошка(ж)//котёнок(м)//киска(ж)
ネズミ	крыса(ж)//мышь(ж)
値段	цена(ж)//стоимость(ж)
値引きする	сделать скидку
ねむい	хотеться спать
寝る	спать
年金	пенсия(ж)
年金生活者	пенсионер(м)/-ка(ж)
ネンザ	повреждение сухожилия
脳	мозг(м)
農業	сельское хозяйство
農民	крестьянин(м)/-нка(ж)
能力	способность(ж)
のこり	остаток(м)
覗く	заглядывать(нс)/заглянуть(с)
望む	желать(нс)/по-(с)
ノート	тетрадь(ж)
ののしる	ругать(нс)/от-(с)
登る	подниматься(нс)/подняться(с)
飲む	пить
飲み会	вечеринка(ж)//тусовка(ж)//пьянка(ж)
飲み物	напиток(м)
乗り換える	пересаживаться(нс)/пересесть(с)

は 行

葉	лист(м)//листва//хвоя(ж)
バー	бар(м)
(～の)場合	в случае (чего)
肺	лёгкие(мн)
灰	пепел(м)
はい(肯定)	да
～倍	раз
肺炎	воспаление лёгких
ハイキング	поход(м)
灰皿	пепельница(ж)
歯医者	стоматолог(м)
売春	проституция(ж)
売春婦	проститутка(ж)

配達する	доставлять(нс)/доставить(с) ダスタヴリャーチ/ダスターヴィチ
宅配	доставка на дом ダスタ-フカ ナ-ダム
ハエ	муха(ж) ムゥーハ
墓	могила(ж) マギーラ
バカ	дурак(м)//дура(ж)/идиот(м) ドゥラーク//ドゥーラ/イチオートゥ
吐く	рвать(нс)/вы-(с) ルヴァーチ/ヴゥイ-
吐き気	тошнота(ж) タシナター
爆発する	взрываться ヴズルィヴァーッツァ
博物館	музей(м) ムズェーイ
ハゲ	лысина(ж) ルゥィスィナ
バケツ	ведро(ср) ヴィドゥロー
箱	ящик(м) ヤーッシィク
端	край(м)//конец(м)//угол(м) クラーイ//カニェーツ//ウーガル
橋	мост(м) モーストゥ
恥	стыд(м)//позор(м) ストゥイトゥ//パゾール
始める	начинать(нс)/начать(с) ナチナーチ/ナチャーチ
初めて	впервые//в первый раз フペルヴゥィエ//フ ペールヴゥィ ラース
場所	место(ср) ミェースタ
破傷風	столбняк(м) スタルブニャーク
走る	бегать(нс)/бежать(с) ベーガチ/ビジャーチ
はずかしい	стыдно ストゥイドゥナ
バスタブ	ванна(ж) ヴァーンナ
パソコン	компютер(м) カンピュチル
旗	флаг(м) フラーク
はだかの	голый ゴールィ
畑	поле(ср) ポーリェ
働く	работать ラボータチ
蜂(蜜蜂/スズメバチ)	пчела(ж)//оса(ж) プチラー//アサー
ハチミツ	мёд(м) ミョートゥ
発音	произношение(ср) プライズナシェーニエ
発行する	издавать(нс)/издать(с) イズダヴァーチ/イズダーチ
発展途上国	развивающаяся страна ラズヴィヴァーユシャヤシャ ストゥラナー
パーティー	вечеринка(ж)//тусовка(ж) ヴィチリーンカ//トゥッソーフカ
鼻水	сопли(мн) ソープリィ
花	цветок(м)/цвет(м)/цветы(мн) ツヴィトーク/ツヴェートゥ/ツヴィトゥィー
話す	говорить(нс)/сказать(с) ガヴァリーチ/スカザーチ
ハブラシ	зубная щётка(ж) ズブナーヤ ショートゥカ
バーベキュー	барбекью バルベキュー
パーマ	завивка(ж) ザヴィーフカ
ハミガキ粉	зубная паста ズゥブナーヤ パースタ
払う	платить(нс)/за-(с) プラチーチ/ザ-
貼る	наклеивать(нс)/наклеить(с) ナクリェーイヴァチ/ナクリェイチ
パワー	сила(ж)//мощность(ж) スィーラ//モーシィナスチ
範囲	сфера(ж)/область(ж) スフェーラ//オーブラスチ
繁栄	процветание(ср) プラツヴィターニエ
ハンカチ	платочек(м) プラトーチク
反感	антипатия(ж) アンチパーチヤ
パンクする	лопаться ラパーッツァ
番号	номер(м) ノーミェル
犯罪	преступление(ср)//правонарушение(ср) プレストゥプリェーニエ//プラヴァナルシェーニエ
ハンサム	красавец(м) クラサーヴェツ
反対する	протестовать против (чего-кого) プラチスタヴァーチ プローチフ
半島	полуостров(м) ポルウォーストゥロフ
半月(はんつき)	полмесяца(м) ポルメーシッツァ
半年	полгода(м) ポルゴーダ
半日	полдень(м) ポルヂニ
犯人	виновник(м) ヴィノーヴニク
パンフレット	буклет(м) ブクリェートゥ
半分	половина(ж) パラヴィーナ
パン屋	булочная(ж)//хлебный магазин プーラチナヤ//フリェーブヌィ マガズィーン
火	огонь(м)//огонёк(м) アゴーニ//アガニョーク
光	свет(м)//луч(м) スヴェートゥ//ルゥーチ
ひき受ける	принимать(нс)/принять(с) プリニマーチ/プリニャーチ
引く	тянуть チャーヌチ

低い	низкий/-ко
ピクニック	пикник(м)
ヒゲ(あご/くち)	борода(ж)/усы(мн)
ヒゲそり	бритва(ж)
飛行機	самолёт(м)
美術	искусство(ср)
美術館	музей изобразительных искусств
秘書	секретарь(м)//секретарша(ж)
非常口	аварийный/запасной выход
美人	красавица(ж)
ひっこす	переезжать(нс)/переехать(с)
ひっぱりだす	вытаскивать(нс)/вытащить(с)
ビデオデッキ	видеомагнитофон(м)/видеоплейер(м)/видик(м)
ビデオカメラ	видеокамера(ж)
ビデオテープ	видеокассета(ж)
ひどい	ужасный/-но
等しい	равный
ビニール	винил(м)
避妊する	предупреждать беременность
避妊薬	противозачаточное средство
日の出	восход солнца
皮膚科	дерматолог(м)
ひま	свободное время
秘密	секрет(м)//тайна(ж)
日焼け	загар(м)
日焼けする	загорать(нс)/загореть(с)
費用	расход(м)
美容院	салон красоты
病気	болезнь(ж)//заболевание(ср)
表現する	выражать(нс)/выразить(с)
標準	стандарт(м)//критерий(м)
比率	пропорция(ж)
昼休み	обеденный перерыв
ビール	пиво(ср)
広い(幅)	широкий/-ко//просторный
広げる	расширять(нс)/расширить(с)
広場	площадь(ж)
ビン	бутылка(ж)
貧血	малокровие(ср)
品質	качество (товара)
貧乏な	бедный
ファックス	факс(м)
ファッション	мода(ж)
フィルム	фотоплёнка(ж)
風刺	сатира(ж)
封筒	конверт(м)
笛	флейта(ж)
フェリー	паром(м)
ふえる	увеличиваться(нс)/увеличиться(с)
フォーマルな	официальный
部下	подчинённый
深い	глубокий/-ко
不可能な	невозможный/-но//неосуществимый
複雑	сложный/-но
腹痛	боль в животе
ふくむ	включать(нс)/включить(с)
不景気	депрессия(ж)
不幸な	несчастный
ふざけるな!	Не шути!
不思議	чудо(ср)//тайна(ж)
侮辱する	оскорблять(нс)/оскорбить(с)
不親切な	нелюбезный
フタ	крыша(ж)//покрышка(ж)
豚	свинья(ж)

ふたたび	снова//опять//вновь//ещё раз <small>スノーヴァ//アピャーチ//ヴノーフィ//イッショー ラース</small>
普通の	обычный/обыкновенный//ординарный <small>アブィチヌィ//アブィクナヴェーンヌィ//アルヂナールヌィ</small>
物価	цены на товары <small>ツェーヌィ ナ タヴァールィ</small>
ぶつかる	сталкиваться(нс)/столкнуться(с) <small>スタールキヴァッツァ/スタルクヌーッツァ</small>
二日酔い	похмелье(ср) <small>パフミェーリエ</small>
仏教	буддизм(м) <small>ブッヂーズム</small>
仏教徒	буддист(м) <small>ブッヂーストゥ</small>
不動産	недвижимость(ж) <small>ニドゥヴィージマスチ</small>
不動産屋	агентство недвижимости <small>アゲーンツトゥヴァ ニドゥヴィージマスチィ</small>
船	судно(ср)//корабль(м)//пароход(м)//теплоход(м) <small>スゥードゥナ//カラーブリ//パラホートゥ//チプラホートゥ</small>
船着き場	пристань(ж) <small>プリースタニ</small>
部分	часть(ж) <small>チャースチ</small>
不便	неудобство(ср) <small>ニウドープストヴァ</small>
不法な	нелегальный//незаконный <small>ニリガーリヌィ//ニザコーンナ</small>
不法入国	нелегальный въезд <small>ニリガーリヌィ ヴイエーストゥ</small>
不眠症	бессонница(ж) <small>ベッソーンニッツァ</small>
ブーム	бум(м) <small>ブゥーム</small>
フライパン	сковородка(ж) <small>スカヴァロートゥカ</small>
プラグ	штепсель(м) <small>シテープセリ</small>
ブラシ	щётка(ж) <small>ショートゥカ</small>
プラスチック	пластмасса(ж) <small>プラスマーッサ</small>
フラッシュ	вспышка(ж) <small>フスブィシカ</small>
フラッシュ禁止	не использовать вспышку <small>ニ イスポーリズヴァチ フスブィスクゥー</small>
ブランデー	коньяк(м) <small>カニャーク</small>
ブレスレット	браслет(м) <small>ブラスリェートゥ</small>
プレゼント	подарок(м) <small>パダーラク</small>
プロ	профессионал(м) <small>プラフェッスィアナール</small>
雰囲気	атмосфера(ж) <small>アトゥマスフェーラ</small>
文化	культура(ж) <small>クゥリトゥーラ</small>
文語	письменный/книжный язык <small>ピースィメンヌィ/クニージヌィ イズィーク</small>
文章	предложение(ср)//текст(м) <small>プリドラジェーニエ//チェークストゥ</small>
文法	грамматика(ж) <small>グラマーチカ</small>
ヘアスタイル	причёска(ж) <small>プリチョースカ</small>
平均的な	средний//стандартный <small>スレードニィー//スタンダールトゥヌィ</small>
兵士	солдат(м) <small>サルダートゥ</small>
平和	мир(м) <small>ミール</small>
ページ	страница(ж) <small>ストラニーッツァ</small>
ペット	домашние животное <small>ダマーシニエ ジヴォートゥナエ</small>
ヘビ	змея(ж) <small>ズミヤー</small>
減る	уменьшаться(нс)/уменьшиться(с) <small>ウミニシャーッツァ/ウメーニシッツァ</small>
ベルト/シートベルト	ремешок(м)//ремень(м) <small>リミショーク//レーミニ</small>
ペン	ручка(ж) <small>ルゥーチカ</small>
変圧器	трансформатор(м) <small>トゥランスファルマートル</small>
勉強する	учиться//заниматься <small>ウチーッツァ//ザニマーッツァ</small>
偏見	предрассудок(м)//предубеждение(ср) <small>プリドラスゥーダク//プリドゥビジチェーニエ</small>
変更する	переменяться(нс)/перемениться(с)//изменяться(нс)/измениться(с) <small>ピリミニャーッツァ//ピリミニーッツァ//イズミニャーッツァ//イズミニーッツァ</small>
弁護士	адвокат(м) <small>アドゥヴァカートゥ</small>
返事	ответ(м) <small>アトゥヴェートゥ</small>
弁償する	возмещать(нс)/возместить(с) <small>ヴァズミシャーチ//ヴァズミスチーチ</small>
変態	извращенец(м) <small>イズヴラッシェーニツ</small>
ヘンな	странный//ненормальный <small>ストゥラーンヌィ//ニナルマーリヌィ</small>
便秘	запор(м) <small>ザポール</small>
便利な	удобный/-но <small>ウドープヌィ/-ナ</small>
貿易	внешняя торговля <small>ヴニェーシニャヤ タルゴーヴリャ</small>
方言	диалект(м) <small>ヂアリェークトゥ</small>
冒険	приключения(мн) <small>プリクリュチェーニヤ</small>
方向	направление(ср) <small>ナプラヴリェーニエ</small>
防止	предотвращение(ср) <small>プレダトヴラッシェーニエ</small>
宝石	драгоценность(ж) <small>ドゥラガツェーンナスチ</small>
放送	передача(ж) <small>ピリダーチャ</small>
方法	способ(м)//средство(ср)//путь(м)//метод(м) <small>スポーサブ//スリェーツトゥヴァ//プーチ//メートットゥ</small>
法律	закон(м)//кодекс(м) <small>ザコーン//コーデクス</small>
ほかの	другой <small>ドゥルゴーイ</small>
牧師(司祭)	священник(м) <small>スヴィッシェーンニク</small>

ポケット	карман(м) カルマーン
保険	страхование(ср)//страховка(ж) ストラハヴァーニエ／ストラホーフカ
保護	сохранение(ср)//охрана(ж)//защита(ж) サフラネーニエ／アフラーナ／ザッシィータ
ホコリ	пыль(ж) プゥィリ
誇り	гордость(ж) ゴールダスチ
星	звезда(ж) ズヴィズダー
補償	компенсация(ж)//возмещение(ср) カンピェンサーツィヤ／ヴァズミッシェーニエ
保証する	гарантировать ガランチーラヴァチ
保証書	гарантия(ж) ガラーンチヤ
保証人	гарант(м)//поручитель(м) ガラーントゥ／パルゥチーチリ
ポスト	почтовый ящик パチトーヴゥィ　ヤーッシィク
ホットコーヒー	горячий кофе ガリャーチィー　コーフェ
ボート	лодка(ж) ロートカ
歩道	тротуар(м)//пешеходная дорожка トロットゥアール／ピシホードゥナヤ　ダローガ
ほとんど	почти//чуть не パチチィー／チュッチ　ニ
ほとんど全部	почти все//всё パチチィー　フセー／フショー
ほほえみ	улыбка(ж) ウルィブカ
ほめる	хвалить(нс)//по-(с) フヴァリーチ／パ-
ボランティア	доброволец(м)//волонтёр(м) ダブラヴォーリツ／ヴァランチョール
掘る	копать(нс)//копнуть(с) カパーチ／カプヌゥーチ
ボールペン	шариковая ручка シャーリカヴァヤ　ルゥーチカ
本	книга(ж)//книжка(ж) クニーガ／クニーシカ
ほんとうの	настоящий//натуральный ナスタヤーッシィー／ナトゥラーリヌィ
ほんもの	настоящая/подлинная вещь ナスタヤーッシャヤ／ポードリンナヤ　ヴィーッシィ
翻訳する	переводить(нс)//перевести(с) ピリヴァヂーチ／ピリヴィスチー

ま　行

毎(回、日など)	каждый カージドゥィ
前へ／前に	вперёд//впереди フピリョートゥ／フピリヂー
まがる	поворачивать(нс)/повернуть(с)//гнуться(нс)/со-(с) パヴァラーチヴァチ／パヴィルヌゥーチ／グヌゥーッツァ／サ-
巻く	свёртывать(нс)/свернуть(с) スヴォールトゥィヴァチ／スヴィルヌゥーチ
マクドナルド	МакДоналдс マグドーナルズ
まくら	подушка(ж) パドゥーシカ
マグロ	тунец(м) トゥニェーツ
負ける	проигрывать(нс)/проиграть(с)//поддаваться//уступать プライーグルィヴァチ／プライグラーチ／パッダヴァーッツァ／ウストゥパーチ
まだ	ещё イッショー
待合室	зал ожидания ザール　アジダーニヤ
待ち合わせ	встречаться(нс)/встретиться(с) フストゥリチャーッツァ／フストゥレーチッツァ
まちがい	ошибка(ж)//оплошность(ж) アシープカ／アプローシナスチ
待つ	ждать ジダーチ
マッサージ	массаж(м) マッサージ
まったく	вообще//совсем ヴァアプシェー／サフスェーム
～まで	до (чего) ダ(ド)
まにあう	успевать(нс)/успеть(с) ウスピヴァーチ／ウスペーチ
マニキュア	маникюр(м) マニキュール
マネる	подражать パドラジャーチ
マフィア	мафия(ж) マーフィヤ
まもなく	сейчас//скоро//вскоре スィチャース／スコーラ／フスコーレ
守る	соблюдать/защищать//охранять サブリュダーチ／ザシィシャーチ／アフラニャーチ
豆	боб(м)//фасоль(ж)//горох(м) ボープ／ファッソーリ／ガローフ
麻薬	наркотик(м) ナルコーチク
迷う	заблудиться//колебаться ザブルゥヂーッツァ／カリバーッツァ
まるい	круглый クルゥーグルィ
まるで～	как будто//словно как (бы) カーク　ブッタ／スローヴナ　カーク(ブィ)
回す	крутить クルゥチーチ
満員の	набитый//наполненный//полный ナピートゥィ／ナポールニェンヌィ／ポールヌィ
マンガ	манга(ж)//комикс(м)//карикатура(ж) マーンガ／コーミックス／カリカトゥーラ
まん中	самая середина//центр サーマヤ　スィリヂーナ／ツェーントゥル
実(総称/木の実/イチゴ類)	плод(м)//орех(м)//ягоды(м) プロートゥ／アリェーフ／ヤーガドゥィ
見送る	провожать(нс)/проводить(с) プラヴァジャーチ／プラヴァヂーチ
水	вода(ж) ヴァダー
湖	озеро(ср) オーズィラ
水着	купальник(м) クゥパーリニク
道	дорога(ж)//путь(м)//улица(ж) ダローガ／プーチ／ウーリッツァ

みつける	находить(нс)/найти(с) ナハヂーチ／ナイチィー
見積り	смета(ж) スミェータ
密輸	контрабанда(ж) カントゥラバーンダ
みとめる	считать//признавать(нс)/признать(с) シィッターチ／／プリズナヴァーチ／プリズナーチ
港	порт(м) ポールトゥ
ミネラルウオーター	минеральная вода ミニラーリナヤ ヴァダー
身分証明書	документ(м)/удостоверение личности ダクゥミェーントゥ／／ウダストゥヴェレーニエ リーチナスチィ
見本	образец(м)//пример(м) アブラズィエーツ／／プリミェール
脈拍	пульс(м) プゥーリス
みやげ	сувенир(м) スゥヴィニール
未来	будущее(ср) ブゥードゥッシェエ
魅力的	очаровательный//привлекательный//обаятельный アチャラヴァーチリヌィ／／プリヴリカーチリヌィ／／アバヤーチリヌィ
民主主義	демократия(ж) デマクラーチヤ
民族	нация(ж)//народ(м)//национальность(ж) ナーツィヤ／／ナロートゥ／／ナツィアナーリナスチ
民族音楽	народная/этническая музыка ナロードゥナヤ／エトゥニーチスカヤ ムゥーズィカ
民族舞踊	народный танец ナロードゥヌィ ターニェツ
むかえる	встречать(нс)/встретить(с) (кого) フストゥリチャーチ／フストゥレーチチ
むかし	древний(ж)/старое время ドゥレーヴナスチ／スターラヤ ヴレーミャ
無効の	недействительный ニヂェイストゥヴィーチリヌィ
無視	игнорирование(ср) イグナリーラヴァニエ
虫	насекомое(ср) ナスィコーマエ
ムシ歯	кариозный/гнилой зуб カリオーズヌィ／グニローイ ズゥープ
無職	безработица(ж) ビズラボーチッツァ
むずかしい	сложный/-но//трудный/-но スローズヌィ／-ナ／／トゥルードゥヌィ／-ナ
むすぶ	повязывать(нс)/повязать(с) パヴャーズィヴァチ／パヴャーザチ
ムダづかい	напрасная трата денег ナプラースナヤ トゥラータ ヂェーニク
夢中	самозабвение(ср)//сильное увлечение サマザブヴェーニエ／／スィーリナエ ウヴレチェーニエ
村	деревня(ж)//село(ср)//посёлок(м) チェレーヴニャ／／スィロー／／パショーラク
無料	бесплатно ビスプラートゥナ
名刺	визитка(ж)//визитная карточка ヴィズィートゥカ／／ヴィズィートゥナヤ カールタチカ
名所	достопримечательность(ж) ダストゥプリミチャーチリナスチ
迷信	суеверие(ср) スゥエヴェーリエ
迷惑	помеха(ж)//неприятность(ж) パミェーハ／／ニプリヤートゥナスチ
メガネ	очки(мн) アチキィー
目薬	глазные капли グラーズヌィエ カープリィー
メス	самка(ж) サームカ
めずらしい	редкий/-ко//уникальный レートゥキィー／-カ／／ウニカーリヌィ
めったに～ない	редко бывает レートゥカ ブィヴァーエトゥ
メートル	метр ミェートゥル
メニュー	меню(ср) ミニュー
めまいがする	голова кружится ガラヴァー クルゥージッツァ
メールアドレス	e-mail adress//е-мэйловский адрес イー メイル アドゥレス／／イー メイラフスキィー アードゥレス
面(お面)	маска(ж) マースカ
麺	лапша(ж) ラプシャー
免税品	беспошлинный товар ビスポーシリンヌィ タヴァール
免税店	магазин беспошлиных товаров マガズィーン ビスポーシリンヌィフ タヴァーラフ
面積	площадь(ж) プローシチ
もう	уже ウジェー
申し込み	заявление(ср)//заявка(ж)//бронирование(ср)//заказ(м) ザイヴレーニエ／／ザヤーフカ／／ブラニーラヴァニエ／／ザカース
儲ける	зарабатывать(нс)/заработать(с) ザラバートゥヴァチ／ザラボータチ
盲腸炎	аппендицит(м) アッペンヂツィートゥ
毛布	(шерстяное) одеяло (シルスチャノーエ)アヂャーラ
燃える	гореть(нс)/с-(с) ガレーチ／ズ-
目的	цель(ж) ツェーリ
もし～ならば	если/если бы イェースリ／イェースリ ブィ
文字	буква(ж)//иероглиф(м) ブークヴァ／／イェログーリフ
もちろん	конечно//безусловно//разумеется カニェーシナ／／ビズウスローヴナ／／ラズゥミェーエッツァ
物	вещь(ж)//предмет(м) ヴェーシィ／／プリドゥミェートゥ
模様(図柄)	узор(м) ウゾール
森	лес(м)//роща(ж) リェース／／ローシャ
門	ворота(мн) ヴァロータ
問題	проблема(ж)//вопрос(м) プラブリェーマ／／ヴァプロース
問題ない	нет проблем ニェットゥ プラブリアム

や 行

焼き増し	перепечатка(ж)
	ピリピチャートゥカ
約（およそ）	приблизиетельно//примерно//около
	プリブリズィーチリナ//プリミェールナ//オーカラ
焼く	жечь//жарить//печатать
	ジェーチ//ジャーリチ//ピチャータチ
ヤクザ	якудза(ж)
	ヤークゥッザ
約束	обещание(ср)
	アビッシャーニエ
役に立つ	полезный/-но
	パリェーズヌィ/-ナ
ヤケド	ожог(м)
	アジョーク
優しい	любезный
	リュベーズヌィ
安い	дешёвый
	デショーヴィ
安売り	продажа по дешёвке
	プラダージャ ポデショーフケ
休む	отдыхать(нс)/отдохнуть(с)
	アッドゥィハーチ/アッダフヌーチ
雇う	принимать на работу
	プリニマーチ ナ ラボートゥー
破る	рвать//пробивать//нарушать
	ルヴァーチ//プラビヴァーチ//ナルゥシャーチ
山	гора(ж)
	ガラー
やわらかい	мягкий/-ко
	ミャーフキィー/-カ
ゆううつ	уныние(ср)//тоска(ж)
	ウヌィニエ//タスカー
有効期限	срок годности
	スローク ゴードナスチー
優勝	победа(ж)//завоевание первенства
	パビェーダ//ザヴァエヴァーニエ ピェールヴェンストゥヴァ
友情	дружба(ж)
	ドゥルージバ
郵送する	отправлять(нс)/отправить(с) почте
	アトゥプラヴリャーチ/アトゥプラーヴィチ パ ポーチチェ
郵便局	почта(ж)//главпочтамт(м)
	ポーチタ//グラフパチタームトゥ
郵便番号	почтовый индекс
	パチトーヴゥィ インデクス
有料の	платный/-но
	プラートゥヌィ/-ナ
輸出	экспорт(м)//вывоз(м)
	エークスパルトゥ//ヴゥィヴァス
豊かな	богатый//щедрый
	バガートゥィ//シェードゥルィ
輸入	импорт(м)//ввоз(м)
	イーンパルトゥ//ヴヴォース
指輪	кольцо(ср)
	カリツォー
夢	сон(м)//мечта(ж)
	ソーン//ミチター
夢を見る	сниться//видеть (чего-кого) во сне//мечтать
	スニーッツァ//ヴィーヂチ ヴァ スニェー//ミチタチ
ユーモア	юмор(м)
	ユーマル
酔う	пьянеть//хмелеть
	ピヤニェーチ//フメリェーチ
用事	дело(ср)
	チェーラ
用心する	предостерегать
	プリェダスチリガーチ
ようす	вид(м)
	ヴィートゥ
預金する	вкладывать
	フクラードゥィヴァチ
横に	сбоку//горизонтально
	ズボークゥー//ガリザンターリナ
予想・予報	прогноз(м)//предположение(ср)//ожидание(ср)
	プラグノース//プレトゥパラジェーニエ//アジダージエ
欲	охота(ж)//стремление(ср)//желание(ср)
	アホータ//ストゥレムリェーニエ//ジェラーニエ
よごれる	пачкаться(нс)/на-(с)//загрязняться(нс)/загрязниться(с)
	パーチカッツァ/ナ-//ザグリャズニャーッツァ/ザグリャズニーッツァ
予算	бюджет(м)//смета(ж)
	ビュジェットゥ//スミェータ
ご予算は？	Какую цену?
	カクーユ ツェーヌー
ヨット	яхта(ж)//парусное судно(ср)
	ヤーフタ//パールゥスナエ スゥードゥナ
予定	план(м)
	プラーン
よぶ	звать(нс)/по-(с)
	ズヴァーチ/パ-
嫁	невеста(ж)//жена(ж)
	ニヴェスター//ジナー
予約	бронирование(ср)//подписка(ж)
	ブラニーラヴァニエ//パトゥピースカ
よろこぶ	радоваться(нс)/об-(с)
	ラーダヴァッツァ/アブ-
ヨーロッパ	Европа(ж)
	イェヴローパ

ら 行

ライター	зажигалка(ж)
	ザジガールカ
楽な	легкий/-ко//свободный/-но
	リョーフキィー/リィフコー//スヴァボードゥヌィ/-ナ
ラジオ	радио(ср)
	ラーヂオ
理想	идеал(м)
	イヂアール
立派	великолепный/-но
	ヴィリカリェープヌィ/-ナ
理由	причина(ж)//основание(ср)//повод(м)//предлог(м)
	プリチーナ//アスナヴァーニエ//ポーヴァトゥ//プリドゥローク
留学	обучение за границей
	アブウチェーニエ ザ グラニーッツェイ
流行	мода(ж)//распространение(ср)
	モーダ//ラスプラスタラニェーニエ
量	количество(ср)
	カリーチストヴァ
寮	общежитие(ср)//общага(ж)
	アプシィジーチエ//アブシャーガ
両替する	обменивать(нс)/обменять(с)
	アブミェーニヴァチ/アブミニーチ
料金	тариф(м)//плата(ж)//стоимость(ж)//цена(ж)
	タリーフ//プラータ//ストーイマスチ//ツィナー

領収書	расписка(ж) ラスピースカ
領土	территория(ж) テリットーリヤ
両方	оба(м/ср)/обе(ж)//и тот и другой オーバ/オーベ//イ トーットゥ イ ドゥルゴーイ
料理する	готовить(нс)/при-(с) ガトーヴィチ/プリ-
緑茶	зелёный чай ズィリョーヌィ チャーイ
旅券番号	номер паспорта ノーミェル パースパルタ
旅行	путешествие(ср)//поездка(ж) プチシェーストゥヴィエ//パイェーストカ
旅行者	турист(м)//путешественник(м) トゥリーストゥ//プチシェーストゥヴェンニク
旅行代理店	турагентство(ср) トゥルアゲーンツトゥヴァ
例	пример(м) プリミェール
歴史	история(ж) イストーリヤ
レコード(盤/記録)	пластинка(ж)//запись(ж)//рекорд(м) プラスチーンカ//ザーピスィ//リコールトゥ
レート	курс(м) クゥールス
レバー	печёнка(ж) ピチョーンカ
練習する	тренироваться//упражняться トゥレニラヴァーッツァ//ウプラジニャーッツァ
レントゲン	рентген(м) レントゥゲーン
連絡する	сообщать(нс)/сообщить(с) サアプシャーチ/サアプシーチ
ロウソク	(восковая) свеча(ж) (ヴァスカヴァーヤ)スヴィチャー
労働者	рабочий(м) ラーボーチィ
録音・録画する	записывать(нс)/записать(с) ザピースィヴァチ/ザピサーチ
ロシア	Россия(ж) ラッスィーヤ
ロビー	холл(м)//вестибюль(м)//фоие(ср) ホール//ヴィスチビューリ//フォイエー

わざと	нарочно//намеренно ナローシナ//ナミェーレンナ
私	я ヤー
私の	мой(м)/моя(ж)/моё(ср)/мои(мн) モイ/マヤー/マヨー/マイー
私たち	мы ムィ
私たちの	наш(м)/наша(ж)/наше(ср)/наши(мн) ナーシ/ナーシャ/ナーシェ/ナーシィー
わらう	смеяться//улыбаться スミヤーッツァ//ウルゥィバーッツァ
割る(割り算)	делить ヂリーチ
湾	залив(м) ザリーフ

わ 行

輪	круг(м)//кружок(м)//кольцо(ср) クルゥーク//クルゥジョーク//カリツォー
わいせつな	скабрёзный//непристойный スカブリョーズヌィ//ニプリストーイヌィ
わいろ	взятка(ж) ヴズャートゥカ
赤ワイン	красное вино クラースナエ ヴィノー
白ワイン	белое вино ベーラエ ヴィノー
若い	молодой マラドーイ
沸かす	кипятить キピチーチ
わける	разделять(нс)/разделить(с) ラズヂリャーチ/ラズヂリーチ

第4部

ロシア語→日本語 単語集

第4部では、第1部で使われていないものを中心に
ロシアでよく遭遇する言葉なども含め厳選した
約900語を収録しています。

記号解説

- (м)　男性名詞／男性形
- (ж)　女性名詞／女性形
- (ср)　中性名詞／中性形
- (мн)　複数名詞／複数形
- (нс)　動詞の不完了体
- (с)　動詞の完了体
- (к)　不定動詞
- (нк)　定動詞

それ以外の(　)　説明語

- /　1.動詞の不完了体・完了体、不定動詞・定動詞の区切り
　　 2.一つの名詞の男性・女性・中性・複数形の区切り
　　 3.形容詞と副詞語尾の区切り
- //　違う単語間の区切り

А

Русский	カナ	日本語
а	ア	そして／／しかし／／ところで
абонемент(м)	アバニミェーントゥ	(劇場などの)定期入場券
абрикос(м)	アブリコース	あんず
аварийный/запасной выход	アヴァリーヌィ／ザパスノーイ ヴィハトゥ	非常口
авария(ж)	アヴァーリヤ	事故
авиакомпания(ж)	アヴィアカンパーニヤ	航空会社
авиабилет(м)	アヴィアビリェートゥ	航空券
аврора(ж)	アヴローラ	オーロラ
автограф(м)	アフトーグラフ	サイン
автомат(м)	アフタマートゥ	自動販売機／／機関銃
автомобиль(м)	アフタマビーリ	自動車
автостоянка(ж)	アフタスタヤーンカ	駐車場
агентство недвижимости	アギェーンツトゥヴァ ニドゥヴィージマスチィ	不動産屋
адресант(м)	アドゥリサーントゥ	差出人
адресат(м)	アドゥリサートゥ	受取人／／宛名
адресная книжка	アードゥリスナヤ クニーシカ	電話帳
аллергия(ж)	アリルギーヤ	アレルギー
алкогольный напиток	アルカゴーリヌィ ナピータク	酒(アルコール)
анекдот(м)	アニグドートゥ	アネクドート／／お笑い小話
АО(акционерное общество)	アーオー(アクツィアニェールナエ オープシィストヴァ)	株式会社
аппетит(м)	アペチートゥ	食欲
архитектура(ж)	アルヒチクトゥーラ	建築
аудиокассета	アウヂオカセーッタ	カセットテープ
афиша(ж)	アフィーシャ	ビラ／／ポスター
аэробика(ж)	アエローピカ	エアロビクス

Б

бальзам(м)	バリザーム	リンス／／薬草の(香液)
бандероль(м)	バンデローリ	小包
баня(ж)	バーニャ	サウナ(バーニャ)
бар(м)	バール	バー
батарейка(ж)/-ки(мн)	バタレイカ／-キー	電池
бензин(м)	ビンズィーン	ガソリン
бензозаправочный пункт	ビンザザプラーヴァチヌィ プーンクトゥ	ガソリンスタンド
бесплатно	ビスプラートゥナ	無料／ただで
беспошлинный товар	ビスポーシリンヌィ タヴァール	免税品
библиотека(ж)	ビブリアチェーカ	図書館
библия(ж)	ビーブリヤ	聖書
бизнес(м)	ビーズネス	ビジネス
блин!	ブリン	くそっ!
блюдо(ср)	ブリューダ	料理／／皿
бог(м)	ボーフ	神
болезнь(ж)	バリェーズニ	病気
болеутоляющее средство	バリェウタリャーユッシェ スリェーツトゥヴァ	鎮痛剤
больно	ボーリナ	いたい
бортпроводница(ж)	バルトプラヴァドゥニーッツァ	スチュワーデス
ботанический сад	バタニーチスキィ サートゥ	植物園
бритва(ж)	ブリートヴァ	ヒゲそり
бронирование(ср)	ブラニーラヴァニエ	予約
бронхит(м)	ブランヒートゥ	気管支炎
булочка с маком	ブーラチカ ス マーカム	胡麻入りコッペパン
булочная(ж)	ブーラチナヤ	パン屋
бульвар(м)	ブリヴァール	並木道
бумага(ж)	ブマーガ	紙
бутылка(ж)	ブトィルカ	ビン
бытовая техника	ブィタヴァーヤ チェーフニカ	家電

В

Русский	カナ	日本語
валюта(ж)	ヴァリュータ	通貨
варенье(ср)	ヴァレーニエ	自家製ジャム
вес(м)	ヴェース	体重
ватт(м)	ヴァットゥ	ワット(電力)
видеокамера(ж)	ヴィヂオカーメラ	ビデオカメラ
видеокассета(ж)	ヴィヂオカセータ	ビデオテープ
видеомагнитофон(м)	ヴィヂオマグニトフォーン	ビデオデッキ
видеоплейер(м)	ヴィヂオプレイエル	ビデオプレイヤー
видик(м)	ヴィーヂク	ビデオデッキ(口)
виски(ср)	ヴィースキー	ウイスキー
вишня(ж)/сакура(ж)	ヴィーシニャ／サークゥラ	桜
вкус(м)	フクゥース	味
вкусно	フクゥースナ	おいしい
влажность(ж)	ヴラージナスチ	湿度

внешняя торговля *ヴェーシナヤ タルゴーヴリャ*	貿易	герц(м) *ゲルツ*	ヘルツ(周波数)
внимание *ヴニマーニエ*	注意	гигиеничный *ギギエニーチヌィ*	衛生的な
вольт(м) *ヴォーリトゥ*	ボルト(電圧)	гид(м) *ギートゥ*	ガイド
ворота(мн) *ヴァロータ*	門	гипермаркет(м) *ギッペルマールキットゥ*	ハイパーマーケット
воспаление(ср) *ヴァスパレーニエ*	炎症	главпочтамт(м) *グラフパチタ―ントゥ*	中央郵便局
воспитание(ср) *ヴァスピターニエ*	しつけ//教育	глазные капли *グラーズヌィエ カーブリィー*	目薬
воспрещена фотосъёмка *ヴァスプリッシィナ― フォトスヨームカ*	撮影禁止	голос(м) *ゴーラス*	声
вода(ж) *ヴァダー*	水	гопник(м) *ゴプニク*	(頭の悪い/スキンヘッドの)ガキ
водитель(м) *ヴァヂーチリ*	運転手	гора(ж) *ガラー*	山
водительские права *ヴァヂーチリスキエ プラヴァ―*	運転免許証	горные лыжи(мн) *ゴールヌィエ ルィジー*	スキー(山の)
(восковая) свеча(ж) *(ヴァスカヴァ―ヤ)スヴィチャー*	ロウソク	город(м) *ゴーラトゥ*	都市
впервые//в первый раз *フペルヴゥィエ//フ ペールヴゥィ ラース*	初めて	гость(м) *ゴースチ*	客
впечатление(ср) *フピチトゥレーニエ*	印象	государственный *ガスダールストゥヴェンヌィ*	国立の
врач *ヴラーチ*	医者	государство(ср) *ガスダールストゥヴァ*	国
время года *ヴレーミャ ゴーダ*	季節	громкость(ж) *グロームカスチ*	音量
время отправления *ヴレーミャ アトゥプラヴレーニヤ*	出発時間	грузовик(м) *グルザヴィーク*	トラック
время приезда *ヴレーミャ プリイェーズダ*	到着時刻	группа крови *グルッパ クローヴィー*	血液型
всё равно//по фигу *フショー ラヴノー//ポー フィグウ*	どうでもいい(口/俗)	группа(ж) *グルーッパ*	団体
вспышка(ж) *フスピシカ*	フラッシュ	градусник(м) *グラードゥスニク*	体温計
встреча(ж) *フストレーチャ*	出合い//会合//試合	гражданин(м)/гражданка(ж) *グラジダニーン/グラジダーンカ*	国民
вход(м) *フホートゥ*	入り口	гражданство(ср) *グラジダーンストゥヴァ*	国籍
вход запрещён/воспрещён *フホートゥ ザプリショーン/ヴァスプリショーン*	立入禁止	грамм *グラーム*	グラム
въезд (в какую-либо страну) *ヴィエーストゥ*	入国	грамматика(ж) *グラマーチカ*	文法
выборы(мн) *ヴゥィバルィ*	選挙	граница(ж) *グラニーッツァ*	国境
вывеска(ж) *ヴゥィヴィスカ*	看板	грипп(м) *グリープ*	インフルエンザ
выезд (из какой-либо страны) *ヴゥイェーストゥ*	出国	губная помада *グプナーヤ パマーダ*	口紅

Г

Д

выписка из гостиницы *ヴゥィピスカ イズ ガスチーニッツィ*	チェックアウト	да *ダー*	はい(肯定)
высокое давление *ヴィソーカヤ ダヴレーニエ*	高血圧	дальний восток *ダーリニィー ヴァストーク*	極東
выход(м) *ヴゥィハトゥ*	出口	двигатель(м) *ドゥヴィーガチリ*	エンジン
		двухместный номер *ドゥヴフミェ―ストヌィ ノーミェル*	ダブルルーム
газ(м) *ガース*	ガス	действовать(нс)/по-(с) *チェイストゥヴァヴァチ/パ―*	効く
газета(ж) *ガゼータ*	新聞	декларация(ж) *チクララーツィヤ*	税関申告
газированная вода *ガズィローヴァンナヤ ヴァダ―*	炭酸入り飲料水	дело(ср) *チェ―ラ*	用事
гарантия(ж) *ガラ―ンチヤ*	保証書	демократия(ж) *チモクラーチヤ*	民主主義
география(ж) *ギアグラーフィヤ*	地理	деньги(мн) *チェ―ニギィー*	カネ
герой(м) *ギローイ*	英雄		

113

Русский	Катакана	日本語
день рождения	チェーニ ラジチェーニャ	誕生日
деревня(ж)	チェレーヴーニャ	村
дерево(ср)	チェーリヴァ	木
дешёвый	チショーヴィ	安い
директор компании	ヂレークタル カンパーニィー	社長
дискотека(ж)	デスカチェーカ	ディスコ
дистанция(ж)	デスターンツィヤ	距離
дизайн(м)	ヂィザーイン	デザイン
диэта(ж)	ヂエータ	ダイエット
до (чего)	ダ(ド)	～まで
доказательство(ср)	ダカザーチリストヴァ	証拠
документ(м)	ダクミェーントゥ	身分証明書
доллар(м)	ドーラル	ドル
дом(м)	ドーム	家
домашние дела	ダマーシニエ ヂラー	家事
домашние животное	ダマーシニエ ジヴォートゥナエ	ペット
домохозяйка(ж)	ダマハズャーイカ	主婦
дорогой/-го	ダラゴーイ／ドーラガ	高い（値段）
доставка на дом	ダスターフカ ナ ドーム	宅配
достопримечательность(ж)	ダストプリミチャーチリナスチ	名所
до фига	ダ フィガー	山ほどたくさん（俗）
драгоценность(ж)	ドゥラガツェーンナスチ	宝石
другой	ドゥルゴーイ	ほかの
дружба(ж)	ドゥルージバ	友情
дурак(м)//дура(ж)	ドゥラーク／／ドゥーラ	バカ
духи(мн)	ドゥヒー	香水
душ(м)	ドゥーシ	シャワー
душа(ж)	ドゥーシャー	心
дым(м)	ドゥイム	けむり

Е

евро(ср)	イェーヴラ	ユーロ
ёжик(м)	ヨージク	ハリネズミ
если/если бы	イェースリ／イェースリ ブィ	もし～ならば
ещё	イッショー	まだ

Ж

жаль	ジャーリ	残念
жаропанижающее средство	ジャーラパニジャーユッシィイ スリェーツトゥヴァ	解熱剤
желание(ср)	ジェラーニエ	希望／／願い
железная дорога	ジェレーズナヤ ダローガ	鉄道
железо(ср)	ジェレーザ	鉄
желудок(м)	ジルウォーダク	胃
желудочно-кишечное лекарство	ジルウーダチナキシェーチナヤ リカールストゥヴァ	胃腸薬
жемчуг(м)//жемчужина(ж)	ジムチューク／／ジムチュージナ	真珠
жених(м)	ジェニーフ	婿
жетон(м)	ジェトーン	特定用途のコイン／／バッヂ
животное(ср)	ジヴォートゥナエ	動物
жидкий	ジートゥキー	うすい／／水っぽい
жизнь(ж)	ジーズニ	生活
жир(м)	ジル	脂肪
журнал(м)	ジュルナール	雑誌
журналист(м)/-ка(ж)	ジュルナリーストゥ／-カ	ジャーナリスト

З

забавный/-но	ザバーヴヌィ／-ナ	面白い（俗）
заболевание(ср)	ザバリェヴァーニエ	病気
заворачивать(нс)/завернуть(с)	ザヴァラーチヴァチ／ザヴィルヌーチ	つつむ
завивка(ж)	ザヴィーフカ	パーマ
завод(м)	ザヴォートゥ	工場
заграница(ж)	ザグラニーツァ	海外
зажигалка(ж)	ザジガールカ	ライター
зал ожидания	ザール アジダーニヤ	待合室
заказ(м)	ザカース	注文
заказывать(нс)/заказать(с)	ザカーズィヴァチ／ザカザーチ	注文する
закон(м)	ザコーン	法律
залив(м)	ザリーフ	湾
заместитель(м)	ザミスチーチリ	代理人
заниматься(нс)/заняться(с)	ザニマーッツァ／ザニャーッツァ	(～を)する／／勉強する
заново	ザーナヴァ	もう一度最初から
занятие(ср)	ザニャーチエ	授業
запах(м)	ザーパフ	香り

запись(ж)	録音／／音源
запрещение(ср)	禁止
заявка(ж)	申し込み
заявление(ср)	申し込み／／申告
звонить(нс)/по-(с)	電話する
звук	音
звать(нс)/по-(с)	よぶ
здоровье(ср)	健康
здание(ср)	建物
здесь	ここ
земля(ж)	地球／／地面／／土
знание(ср)	知識
золото(ср)	金
зонтик(м)	カサ
зоопарк(м)	動物園
зубная паста	ハミガキ粉
зубная щётка	ハブラシ

И

и	そして／／それから／／〜も
игра(ж)	ゲーム
игрушка(ж)	おもちゃ
идиот(м)	馬鹿
издательство(ср)	出版社
изюм(м)	干しぶどう
или	あるいは
импорт(м)	輸入
имя	名前
инвалид(м)	身体障害者
инженер(м)	エンジニア
иномарка(ж)	外国製
иностранец(м)/-нка(ж)/-нцы(мн)	外国人
интернет(м)	インターネット
информация(ж)	情報
искусство(ср)	美術
истина(ж)	真実
история(ж)	歴史

К

каждый	毎(回、日など)
кайф(м)	いい気分／／いい気持ち(俗)
какао(ср)	ココア
как будто (бы)	まるで〜
как всегда	相変わらず
как раз	ちょうど
Какую цену?	ご予算は？
календарь(м)	カレンダー
камень(м)	石
камера(ж)	(ヴィデオ/フォト)カメラ／／部屋
каникулы(мн)	休暇(学校の)
капитализм(м)	資本主義
карамель(ж)	キャラメル
карандаш(м)	鉛筆
карта(ж)	地図
карточка(ж)	カード
карты(мн)	トランプ
кастрюля(ж)	ナベ
категория(ж)	カテゴリー
католичество(ср)	カトリック
качество (товара)	品質
каша(ж)	粥
кашель(м)	咳
керамика(ж)	陶器
кета(ж)	鮭
килограмм	キログラム
километр	キロメートル
кинотеатр(м)	映画館
кинофильм(м)	映画
кислый	すっぱい
кишечник(м)	腸
Клёво!	スゲエ！
климат(м)	気候
ключ(м)	カギ
книга(ж)/книжка(ж)	本

115

кнопка(ж)	スイッチ（ボタン）
код города	市外局番
Кока-Кола	コカコーラ
количество(ср)	量
кольцо(ср)	指輪／／輪
комар(м)	蚊
коммисия(ж)	手数料
коммунизм(м)	共産主義
компания(ж)	会社
компютер(м)	パソコン／コンピューター
компресс(м)	湿布
конверт(м)	封筒
конец(м)	終わり
конечно	もちろん
консервы(мн)	缶づめ
конституция(ж)	憲法
консультация(ж)	相談
контактные линзы	コンタクトレンズ
контроль(м)	コントロール
конфеты(мн)	お菓子
коньяк(м)	コニャック／／ブランデー
корабль(м)	船
корзина(ж)	カゴ
коровье бешенство	狂牛病
косметика(ж)	化粧品
костёр(м)	焚き火
кот(м)	ネコ(オス)
котёнок(м)	子猫
кошелёк(м)	サイフ
кошка(ж)	ネコ(メス)
крахмал(м)	片栗粉
кредитная карточка	クレジットカード
Кремль(м)	クレムリン
кровь(ж)	血
кровотечение(ср)	出血
кроме	〜以外
круг(м)	輪
кружка(ж)	コップ（マグカップ）
Круто!	カッコイイ！／／スゴイ！
крыса(ж)	ネズミ
крыша(ж)	屋根／／フタ
(у кого)крыша поехала.	(酔って)できあがっちゃってる
ксерокс(м)	コピー／コピー機
кстати	ところで
кукла(ж)	人形
кукуруза(ж)	トウモロコシ
культура(ж)	文化
купальник(м)	水着
курить	タバコを吸う
курица(ж)	ニワトリ(雌鳥)
курс валюты	為替レート

Л

лампа(ж)	電灯
лапша(ж)	麺
ластик(м)	消しゴム
легкие(мн)	肺
лекция(ж)	講義
лес(м)	森
лестница(ж)	階段
лёд(м)	氷
линия(ж)	線
лист(м)	葉
листва(ж)	葉(集合)
лицевая сторона	おもて
лицензионный диск	ライセンス生産のCD
лицензия(ж)	ライセンス
лошадь(ж)	馬
лодка(ж)	ボート
ложь(ж)	うそ
лосось(м)	鮭
луна(ж)	月
лысина(ж)	ハゲ
любовник(м)/-ца(ж)	愛人

любовь(ж) リュボーフィ	愛	монетка(ж) マニェートゥカ	コイン

М

магазин беспошлинных товаров マガズィーン ビスポーシリンヌィフ タヴァーラフ	免税店	море(ср) モーリェ	海
маникюр(м) マニキュール	マニキュア	мост(м) モーストゥ	橋
марка(ж) マールカ	切手	моющее средство モーユッシエ スレーツトゥヴァ	洗剤
масло(ср) マースラ	油	музеи изобразительных искусств ムズィーイ イザブラズィーチリヌィフ イスクーッストヴ	美術館
материал(м) マチリアール	材料	муниципалитет(м) ムニツィパリチェートゥ	市役所
матч(м) マッチ	試合	мусор(м) ムーサル	ゴミ
мафия(ж) マーフィヤ	マフィア	мусорный ящик ムーサルヌィ ヤーシィク	ゴミ箱
машина(ж) マシーナ	自動車	муха(ж) ムーハ	ハエ
медведь(м) ミドゥヴェーチ	熊	мыло(ср) ムィラ	石鹸
международный телефон/разговор ミェージドゥナロードゥヌィ チリフォーン/ラズガヴォール	国際電話	мышь(ж) ムィシ	ネズミ／／(パソコンの)マウス
менеджер(м) メネジェル	支配人／／マネージャー	мэр メル	知事
меню(ср) ミニュー	メニュー		

Н

мероприятие(ср) ミラプリヤチエ	行事	наверно ナヴェールナ	たぶん
места для некурящих ミェスター ドゥリャ ニクリャッシフ	禁煙席	навсегда ナフスィグダー	永久に
место(ср) ミェースタ	座席	нажимать(нс)/нажать(с) ナジマーチ/ナジャーチ	押す
местное народное блюдо ミェースナヤ ナロードゥナヤ ブリューダ	郷土料理	назад ナザートゥ	後ろへ
местный ミェースヌィ	現地の	налог(м) ナローク	税金
метр ミェートゥル	メートル	на память ナ パーミャチ	記念に
мех(м)/меха(мн) ミェーフ/ミハー	毛皮	напиток(м) ナピータク	飲み物
мечта(ж) ミチター	夢	направление(ср) ナプラヴリェーニエ	方向
мёд(м) ミョートゥ	ハチミツ	например ナプリミェール	たとえば
милиционер(м) ミリツィアニェール	警察官	наркотик(м) ナルコーチク	麻薬
милиция(ж) ミリーツィヤ	警察	народ(м) ナロートゥ	民族
миндаль(м) ミンダーリ	アーモンド	нарушение(ср) ナルシェーニエ	違反
минеральная вода ミニェーラリナヤ ヴァダー	ミネラルウオーター	на самом деле ナ サーマム チェーリェ	実際は
мир(м) ミール	平和／／世界	настоящее время ナスタヤーッシェイエ ヴレーミャ	現在
много ムノーガ	多い	настоящий ナスタヤーッシィー	ほんとうの
мобильник(м) マビーリニク	携帯電話	настроение(ср) ナストラエーニエ	気分
мобильный телефон マビーリヌィ チリフォーン	携帯電話	натуральный ナトゥラーリヌィ	天然の
мода(ж) モーダ	ファッション／／流行	наука(ж) ナウーカ	科学
мозг(м) モースク	脳	на халяву ナ ハリャーヴゥ	ただで(もらう)
мокрый モークルィ	濡れた	национальность(ж) ナツィアナーリナスチ	民族／／国民性
молоко(ср) マラコー	牛乳	начало(ср) ナチャーラ	最初
молодец! マラヂェーツ	えらい!	небо(ср) ニェーバ	空
		невеста(ж) ニヴェスター	嫁

негазированная вода	（炭酸抜きの）飲料水
недвижимость(ж)	不動産
недействительный	無効の
недостаток(м)	不足／／短所
не использовать вспышку	フラッシュ禁止
нелегальный	不法な
не охота	気が重い
нет	ない
неформал(м)	(無許可団体の)メンバー／／ならず者
непременно	今すぐに／／直ちに
Не шути!	ふざけるな！
но	しかし
новейший	最新の
новость(ж)	ニュース
новый год	正月
нож(м)	ナイフ
ноль(м)//нуль(м)	ゼロ
номер паспорта	旅券番号
номер счёта	口座番号
номер телефона	電話番号
номер(м)	番号／／部屋
нравиться(нс)/по-(с)	好き／／気に入る

О

оба(м/ср)/обе(ж)	両方
обеденный перерыв	昼休み
область(ж)	分野／／州／／部分
облачная погода	くもり
обмен(м)	交換／／交流
обменивать(нс)/обменять(с)	両替する
оборотная сторона	裏
образец(м)	見本
образование(ср)	教育
обувь(ж)	靴
обучать(нс)/обучить(с)	教える
общество(ср)	社会
общежитие(ср)//общага(ж)	寮
общение(ср)	交流／／つきあい
объявление(ср)	掲示／／広告
обычный	普通の
обязательно	絶対に
овощи(мн)	野菜
огонь(м)/огонёк(м)	火
ограничение(ср)	制限
одноклассник(м)/-ица(ж)	クラスメート（学校）
однокурсник(м)/-ица(ж)	クラスメート（大学）
одноместный номер	シングルルーム
ожог(м)	ヤケド
озеро(ср)	湖
опаздывать(нс)/опоздать(с)	おくれる
опасный/-но	あぶない
операция(ж)	手術
оптовая торговля	卸売り
опять	また／／再び
орех(м)	木の実／／ナッツ
оса(ж)	スズメバチ
особый	特別な
Осторожно!	あぶない！注意して！
остров(м)	島
острый	辛い／／鋭い
ответ(м)	返事
отвечать(нс)/ответить(с)	答える
открывать(нс)/открыть(с)	開放する
открывашка(ж)	缶切り／／栓抜き
открытка(ж)	絵はがき
отмена(ж)	中止
отменять(нс)/отменить(с)	キャンセルする
отношение(ср)	関係
отопление(ср)	暖房
отправлять(нс)/отправить(с) почте	郵送する
- самолётом	航空便で送る
- сухим путём	陸路で送る
отправляться(нс)/отправиться(с)	出発する
отпуск(м)	(仕事の)休暇

отсрочивать(нс)/отсрочить(с) アトゥスローチヴァチ/アトゥスローチチ	....	延期する
отчество(ср) オーッチストゥヴァ	....	父称(父の名からつけられるミドルネーム)
офис(м) オーフィス	....	事務所
официальный アフィツィアーリヌィ	....	フォーマルな
официант(м)/-тка(ж) アフィツィアーントゥ/-トゥカ	....	ウエイター/ウエイトレス
оформление(ср) アァファルムリェーニエ	....	手続き
офтальмолог(м) アフタリモーロク	....	眼科
охота(ж) アホータ	....	狩り//意欲
очки(мн) アチキィー	....	メガネ
ошибка(ж) アシーブカ	....	まちがい

П

память(ж) パーミチ	....	記念
пацан(м) パツァーン	....	ガキ
пациент(м) パツィエーントゥ	....	患者
пачка(ж) パーチカ	....	ひと束//箱//包み
певец(м) ピヴィェーツ	....	歌手(男性)
певица(ж) ピヴィーッツァ	....	歌手(女性)
пенсионер(м)/-ка(ж) ピンスィアニェール/-カ	....	年金生活者
пепельница(ж) ピェーピリニッツァ	....	灰皿
перелом кости ピリロームコースチィー	....	骨折
перерыв(м) ピリルィフ	....	休憩
переулок(м) ピリヴーラク	....	小道//横町
передача(ж) ピリダーチャ	....	放送
период (м) ピリオートゥ	....	期間
песня(ж) ピェースニャ	....	歌
песок(м) ピソーク	....	砂
петух(м) ピトゥーフ	....	ニワトリ(雄鶏)
петь(нс)/с-(с) ピェーチ/ス	....	歌う
печень(ж) ペーチニ	....	肝臓
пешком ピシコーム	....	徒歩で
пёс(м) ピョース	....	犬(オス)
пиратский диск ピラーツキィーヂースク	....	海賊版CD
питание(ср) ピターニエ	....	栄養
пить ピーチ	....	飲む
питьевая вода ピチヤヴァーヤヴァダー	....	飲料水
плавание(ср) プラーヴァニエ	....	水泳
план(м) プラーン	....	予定
пластинка(ж) プラスチーンカ	....	レコード(盤)
пластмасса(ж) プラスマーッサ	....	プラスチック
плата за вход プラータザフフォートゥ	....	入場料
платный-но プラートヌィ/-ナ	....	有料の
платочек(м) プラトーチク	....	ハンカチ
платить(нс)/за-(с) プラチーチ/ザ-	....	払う
плохо пахнет//воняет プローハパーフニェットゥ//ヴァニャーエトゥ	...	くさい
площадь(ж) プローシチ	....	広場
поблизости(мн) パブリーザスチィー	....	近所
Повторите! パフタリーチェ	....	くり返して!
повар(м) ポーヴァル	....	コック
подарок(м) パダーラク	....	プレゼント
подделка(ж) パッチェールカ	....	ニセモノ
подросток(м) パドローストク	....	十代の若者(ローティーン)
подпись(ж) ポートゥピスィ	....	サイン(証明)
подушка(ж) パドゥーシカ	....	まくら
пожар(м) パジャール	....	火事
пожарная машина パジャールナヤマシーナ	....	消防車
пожилой человек パジローイチラヴィェーク	....	お年寄り
поздравлять(нс)/поздравить(с) パズドゥラヴリャーチ/パズドゥラーヴィチ	.....	いわう
Позовите переводчика. パザヴィーチェピリヴォーッチカ	....	通訳の人を呼んで
покрышка(ж) パクルィシカ	....	フタ
покупать(нс)/купить(с) パクパーチ/クゥピーチ	....	買う
покупка(ж) パクープカ	....	買い物
пол(м) ポール	....	性
полотенце(ср) パラテーンツェ	....	タオル
половина(ж) パラヴィーナ	....	半分
получать(нс)/получить(с) パルゥチャーチ/パルゥチーチ	....	受け取る
помогать(нс)/помочь(с) パマガーチ/パモーチ	....	てつだう
порез(м) パリェース	....	切り傷
порт(м) ポールトゥ	....	港
посёлок(м) パショーラク	....	村
последний パスリェードゥニィー	....	最後の//最新の
пословица(ж) パスローヴィッツァ	....	ことわざ
посол(м) パッソール	....	大使
посольство(ср) パッソーリストゥヴァ	....	大使館

постановщик	舞台監督
パスノーフシク	
пост милиции	警察派出所
ポーストゥ ミリーツィー	
посылка(ж)	小包
パスィールカ	
потом	あとで
パトーム	
похоже(ср)/-ж(м)/-жа(ж) на (что)	似ている
パホージェ/-シ/-ジャ/ ナ	
почка(ж)	腎臓
ポーチカ	
почта(ж)	郵便局
ポーチタ	
почти/чуть не	ほとんど
パチチー//チュッチ ニ	
почтовый ящик	ポスト
パチトーヴゥィ ヤーッシィク	
почтовый индекс	郵便番号
パチトーヴゥィ イーンデクス	
пошлина(ж)	関税
ポーシリナ	
пояс(м)	帯
ポーイス	
правда(ж)	真実
プラーヴダ	
правило(ср)	規則
プラーヴィラ	
правительство(ср)	政府
プラヴィーチリストヴァ	
право(ср)	権利
プラーヴァ	
предел(м)	制限
プリチェール	
преподаватель(м)	教師//(大学)教授
プリパダヴァーチリ	
преступление(ср)	犯罪
プレストゥプリェーニエ	
привычка(ж)	癖
プリヴィチカ	
приглашение(ср)	招待
プリグラシェーニエ	
пригород(м)	郊外
プリーガラトゥ	
приём(м)	受付
プリヨーム	
прикол(м)	面白いこと(俗)
プリコール	
прикольный/-но	面白い(俗)
プリコーリヌィ/-ナ	
пример(м)	例
プリミェール	
приправа(ж)	調味料
プリプラーヴァ	
природа(ж)	自然
プリローダ	
причёска(ж)	ヘアスタイル
プリチョースカ	
причина(ж)	理由
プリチーナ	
пробка(ж)	渋滞
プローブカ	
проблема(ж)	問題
プラブリェーマ	
пробовать(нс)/попробовать(с)	味見する
プローバヴァチ/パプローバヴァチ	
провожать(нс)/проводить(с)	見送る
プラヴァジャーチ/プラヴァヂーチ	
прогноз погоды	天気予報
プラグノース パゴードゥィ	
происшествие(ср)	事故
プライシェーストヴィエ	
произведение искусства	芸術品
プライズヴィヂェーニエ イスクーッストヴァ	
промышленность(ж)	工業
プラムィシリェンナスチ	
проспект(м)	大通り
プラスペークトゥ	
простуда(ж)	風邪
プラストゥーダ	
простыня(ж)	シーツ
プラストゥィニャー	
просьба(ж)	お願い
プロージバ	
просить(нс)/по-(с)	たのむ
プロースィチ/パプラスィーチ	
процедура(ж)	手続き
プラツェドゥーラ	
проявление(ср)	現像
プライヴリェーニエ	
пруд(м)	池
プルートゥ	
пряности(мн)	香辛料
プリャーナスチィー	
птица(ж)	鳥
プチーッツァ	
пульс(м)	脈拍
プーリス	
пустяки(мн)	くだらない//つまらないこと
プスチキー	
путеводитель(м)	旅行ガイドブック
プチヴァヂーチリ	
путешествие(ср)	旅行
プチシェーストヴィエ	
путь(м)	道//〜番線//方法
プーチ	
пчела(ж)	蜜蜂
プチラー	
пшеница(ж)	小麦
プシニーッツァ	

Р

работа(ж)	仕事
ラボータ	
работать	働く
ラボータチ	
рад(м)//рада(ж)	うれしい
ラートゥ/ラーダ	
радио(ср)	ラジオ
ラーヂオ	
разговор(м)	会話
ラズガヴォール	
размер(м)	サイズ
ラズミェール	
разный	いろいろな/ちがう
ラーズヌィ	
разница времени	時差
ラーズニッツァ ヴレーミニィー	
разрешение(ср)	許可
ラズリシェーニエ	
район(м)	区/地域
ライオーン	
ранение(ср)	けが
ラニェーニエ	
растение(ср)	植物
ラスチェーニエ	
расстояние(ср)	距離
ラッスタヤーニエ	
расходы(мн)	経費
ラスホードゥィ	
расчёска(ж)	くし(櫛)
ラスチョースカ	
революция(ж)	革命
リヴァリューツィヤ	
регистрация(ж)	チェックイン
リギストゥラーツィヤ	

регистрировать(нс)/за-(с)	登録する
режиссёр	映画監督
результат(м)	結果
река(ж)	川
реклама(ж)	広告
рекомендация(ж)	推薦
религия(ж)	宗教
ремешок(м)//ремень(м)	ベルト／シートベルト
ровно	ちょうど／／きっかり
розетка(ж)	コンセント
розничная продажа	小売り
рост(м)	身長
роща(ж)	林／木立
ручка(ж)	ペン
ручная кладь	機内持ち込み（手荷物）
рыба	魚
рынок(м)	市場

С

сад(м)	庭
салат(м)	サラダ
салон красоты	美容院
салфетка(ж)	ナプキン／ティッシュペーパー
сам//себя	自分
самец(м)	オス
самка(ж)	メス
самолёт(м)	飛行機
сатира(ж)	風刺
свадьба(ж)	結婚式
свежий	新鮮
свет(м)	光／／世界／／世
свидетельство(ср)	証拠
свинья(ж)	豚
свобода(ж)	自由
связь(ж)	連絡／／関係／／コネクション
сдавать(нс)/сдать(с)	あずける
сдача(ж)	おつり
сезон(м)	季節
сейчас	今
село(ср)	村
сельское хозяйство	農業
сёмга(ж)	鮭
сердце(ср)	心臓／心
серебро(ср)	銀
сигарета(ж)	タバコ
сила(ж)	力
ситуация(ж)	状況
скользкий	すべりやすい
скоро	もうすぐ
скорость(ж)	スピード
скотч	セロテープ
слабительное(ср)	下剤
сладкий	あまい
сладости(мн)	菓子
следующий//дальше	次
словно как (бы)	まるで〜
слово(ср)/-ва(мн)	ことば
словарь(м)	辞書
служащий(м)/-щая(ж)	会社員／職員
случай(м)	機会
в случае (чего)	（〜の）場合
смысл(м)	意味
снова	ふたたび
собака(ж)	犬（メス）
соблюдать	（規則などを）守る
совет(м)	助言／／会議
совсем	全然
содержание(ср)	内容
соевый соус	しょうゆ
соевые бобы	大豆
сок(м)	ジュース
солённый	しお味をつけた
солнце(ср)	太陽
соломинка(ж)	ストロー

сон(м)	夢
сообщать(нс)/сообщить(с)	連絡する
сопровождающий(м)	添乗員
соревнование(ср)	競技／試合
соседний	隣の
состояние(ср)	状態
сотовый телефон	携帯電話
соус(м)	ソース
спагетти(мн)	スパゲッティー
спектакль(м)	劇
специальный	特別な
специи(мн)	香辛料
СПИД	エイズ
спиртной напиток	酒／アルコール
Спокойной ночи.	おやすみなさい
спортивно-беговые лыжи(мн)	クロスカントリー・スキー
способ(м)	方法
сразу	すぐに
средний	中ぐらいの／／平均的な
срок годности	有効期限
срок(м)	期限
ссадина(ж)	すり傷
стандарт(м)	標準
стандартный	平均的な／／スタンダードな
стекло(ср)	ガラス
стильный	カッコイイ
стирка(ж)	クリーニング
(стиральная)резинка(ж)	消しゴム
стихи(мн)	詩
стихийное бедствие	天災
стихотворение(ср)	詩編
стоимость проезда	運賃
столица(ж)	首都
стоматолог(м)	歯医者
страна(ж)	国
страница(ж)	ページ
страхование(ср)	保険
страховка(ж)	保険
сторонние(ср)	建物
студент(м)/-ка(ж)	大学生(男／女)
стыдно	はずかしい
стюардесса(ж)	スチュワーデス
сувенир(м)	みやげ
суд(м)	裁判所
судно(ср)	船
судьба(ж)	運
суеверие(ср)	迷信
счастье(ср)	しあわせ
счёт(м)	請求書／／(銀行)口座
сырой	生の／／しめった

Т

таким образом	このように
там	そこ
танец(м)	ダンス
танцевать	踊る
таракан(м)	ゴキブリ
тарелка(ж)	皿
тариф(м)	料金
телефон-автомат	公衆電話
температура (тела)	体温
температура воздуха	気温
тень(ж)	影
теперь	今は
территория(ж)	領土
тетрадь(ж)	ノート
ткань(ж)	布
то(ср)/тот(м)/та(ж)/те(мн)	それ
тонкий	うすい(厚み)
торговля(ж)	商売
торт(м)	ケーキ
тот	あの
точно	正確に／／そのとおり
трава(ж)	草

традиция(ж)	………………………	伝統
トゥラヂーツィヤ		
традиционный	………………………	伝統的な
トゥラヂツィオーンヌィ		
транспорт(м)	………………………	交通
トゥラーンスパルトゥ		
трансформатор(м)	………………………	変圧器
トゥランスファルマータル		
тунец(м)	………………………	マグロ（ツナ）
トゥニェーツ		
туннель(м)	………………………	トンネル
トゥニェーリ		
турагентство(ср)	………………………	旅行代理店
トゥルアゲーンツトゥヴァ		
турист(м)	………………………	旅行者
トゥリーストゥ		
туризм(м)	………………………	観光
トゥリーズム		
тусовка(ж)	………………………	パーティー
トゥッソーフカ		
туча(ж)	………………………	雲
トゥーチャ		
тыква(ж)	………………………	カボチャ
トゥィークヴァ		
тяжёлый/-ло	………………………	重い／／つらい
チジョールィ／チジィロー		

У

уборка(ж)	………………………	そうじ
ウボールカ		
удостоверение личности	………………………	身分証明書
ウダストゥヴェレーニエ　リーチナスチィ		
уже	………………………	もう
ウジェー		
укол(м)	………………………	注射
ウコール		
уксус(м)	………………………	酢
ウークスウス		
указывать(нс)/указать(с) на (что)	：指す／／表示する
ウカーズィヴァチ／ウカザーチ　ナ		
улыбка(ж)	………………………	笑顔
ウルィプカ		
улица(ж)	………………………	通り
ウーリッツァ		
употреблять(нс)/употребить(с)	：つかう
ウパトレブリャーチ／ウパトゥレピーチ		
управление(ср)	………………………	運営／／コントロール
ウプラヴリェーニェ		
управляющий(м)	………………………	管理人／／長
ウプラヴリャーユッシィ		
урок(м)	………………………	授業
ウローク		
урна(ж)	………………………	（路上の）くずカゴ
ウールナ		
условие(ср)	………………………	条件
ウスローヴィエ		
утка(ж)	………………………	鴨
ウートカ		
уточнять(нс)/уточнить(с)	………………………	たしかめる
ウタチニャーチ／ウタチニーチ		
учебник(м)	………………………	教科書
ウチェーブニク		
учиться	………………………	勉強する
ウチーッツァ		
учитель(м)	………………………	教師
ウチーチリ		

Ф

факс(м)	………………………	ファックス
ファークス		
факультет(м)	………………………	学部
ファクリチェートゥ		
фамилия	………………………	姓／名字
ファミーリヤ		
фасоль(ж)	………………………	豆
ファッソーリ		
фигня(ж)	………………………	くだらない（俗）
フィグニャー		
фишка(ж)	………………………	面白い話（俗）
フィーシカ		
фирма(ж)	………………………	会社
フィールマ		
фотоаппарат(м)	………………………	カメラ
ファタアパラートゥ		
фотография(ж)	………………………	写真
ファタグラーフィヤ		
фрукты(мн)	………………………	くだもの
フルーックトゥィ		
фундук(м)	………………………	ヘーゼルナッツ
フンドゥーク		

Х

хвоя(ж)	………………………	（針葉樹の）葉
フヴォーヤ		
химчистка(ж)	………………………	ドライクリーニング
ヒミチーストゥカ		
хирургическое отделение	………………………	外科
ヒルルギーチスカヤ　アッヂェーニエ		
хор(м)	………………………	合唱／合唱団
ホール		
холодный/-но	………………………	つめたい
ハロードゥヌィ／ホーラドゥナ		
хобби(ср)	………………………	趣味
ホビー		
храм(м)	………………………	寺院
フラーム		
хранять	………………………	保存する／／保護する
フラニーチ		
христианство(ср)	………………………	キリスト教
フリスチアーンストゥヴァ		

Ц

царь(м)	………………………	皇帝
ツァーリ		
цвет(м)/-а(мн)	………………………	色
ツヴェートゥ／ツヴィーター		
цветок(м)/цвет(м)/цветы(мн)	………	花
ツヴィトーク／ツヴェートゥ／ツヴィトゥィー		
цель(ж)	………………………	目的
ツェーリ		
целиком	………………………	～の全部を
ツェリコーム		
цена(ж)	………………………	値段
ツェナー		
ценные вещи	………………………	貴重品
ツェーンヌィエ　ヴェーッシィー		
центр(м)	………………………	中心
ツェーントゥル		
церковь(ж)	………………………	教会
ツェールカフィ		
цифра(ж)	………………………	数
ツィーフラ		
цыплёнок(м)	………………………	ひな鳥
ツィプリョーナク		

Ч

часто	………………………	しばしば
チャースタ		

часть(ж)	部分
частный	私立
чек(м)	チェック(小切手)
чемодан(м)	スーツケース
чёрный перец	コショウ
(чёрный) чай	紅茶
чёрт(м)	鬼／／くそっ！
чтение(ср)	読書
чувство(ср)	感覚／／気持ち
чужой (человек)	他人

Ш

шампунь(м)	シャンプー
шариковая ручка	ボールペン
шерсть(ж)	ウール
(шерстяное) одеяло	毛布
школа(ж)	学校(大学前の)
шкура(ж)	皮
шоколад(м)	チョコレート
шоссе(ср)	街道
штопор(м)	(コルク)栓抜き
шторы(мн)	カーテン
штука(ж)	物／／〜個
шутка(ж)	じょうだん

Щ

щекотно	くすぐったい
щенок(м)	子犬
щётка(ж)	ブラシ

Э

экзамен(м)	試験
экономика(ж)	経済
экскурсия(ж)	観光／／ツアー
экскурсовод(м)	ツアーガイド
экспорт(м)	輸出
электричество(ср)	電気

эмоция(ж)	感情
энергия(ж)	エネルギー
эпидемия(ж)	伝染病
это	これ
в эфире	オンエアー
эффект(м)	効果

Ю

юлианский календарь	旧暦(ユリウス暦)
юмор(м)	ユーモア

Я

я	私
ягоды(м)	ベリー類(総称)
язва(ж)	潰瘍
(у кого) язык без костей	口が軽い
якудза(ж)	ヤクザ
ящик(м)	箱

あとがき

　ロシア語と出会ったのは高校１年生だった1991年の頃。折りしも西側との融和政策をとり世界的に好感を持たれ始めていた当時の書記長ゴルバチョフが夏のクーデターの後失脚し、西側のクリスマスの日（1991年12月25日）にソヴィエト連邦が70年の歴史を閉じた年だった。中学に入る前、いや、正確には生まれる前から接してきた英語が、教科書主体の勉強のおかげで話せるようにならず、しかし受験のために、成績のために英語をやらなければいけないという状況にうんざりし興味を失いかけていたとき、英語以外のいくつかのヨーロッパ言語に興味を持った。小さいころからＭＴＶやハリウッド映画で育ち、ずっと違和感を持ち続けてきた日本から外に目が向きはじめていた私がヨーロッパに関心を持つのは自然なことだった。はじめに興味を持ったのはフランス語。深夜のＦＭラジオ放送でヨーロッパの音楽を聞きはじめ、気に入ったのだった。その後もイタリア、スペインに興味をもったが、同時に頭の片隅に灰色の空間として存在してきた未知の国ロシアの言葉にも関心が芽生えた。自分のやりたいことしかうまくできない性格であることをすでによく分かっていたこともあり、よりマイナーで人が興味をもたない、知らないもののほうが興味を持てるという、ある意味歪んだ性格により、強引にも無謀にもロシア語を大学の進路に選んだ。これから期待できる分野だとか、将来成功できるだろうという打算的な理由は、ロシア語という異色な選択に眉をひそめる周囲の反応に、後から言い訳的に付け加えたものだった。
　勉強嫌いで高校の古典の時間は居眠りの時間だった自分は、やはり勉強には身も入らず結局たいした勉強もせずそれほど難しくない大学に運良くすんなりと入ることができた。ロシア語の勉強もできる国際文化専攻の学科だった。なぜこれほど勉強嫌いの自分がこれだけ文法の複雑な言語の勉強を続けることができたのか？　そしてしゃべれるようになったのか？　それはやはり、自由選択のもとに自分の興味で選んだものだったからに違いない。インカレロシア語劇サークル「コンツェルト」にも入り、チェーホフ原作「カモメ」の主役を張り自信をつけた私はその翌年、大学を卒業する先輩（清水さん、今でも本当に感謝しています）と２人で１ヶ月間のユーラシア横断旅行に行き、初めてロシアの大地にも足を踏み入れた。しかし２年間勉強をしていても、ロシア語で舞台に立てても、やはりカタコトしか喋れなかった。別のインカレサークル「日ロ学生交流会」にも入りロシア人との交流も始めたが、楽しいのと同時にショックの連続だった。１学年上のほぼ同い年のロシア人学生の喋る日本語は自分のロシア語とは比較にならないほど流暢だったからだ。彼らはシベリヤの地方都市ノヴォシビルスクの大学生で、日本語の教材も乏しく、どうしてあれだけしゃべれるのか、どうして同じ人間なのに自分にはできないのか、いや自分もできるはずだ、いろいろ考え悩んだ挙げ句に、３年が終わった時点での留学を決めた。
　そして1997年春、ノヴォシビルスク留学。留学生の多くがモスクワ、ペテルブルク、極東などの、ツーリストも紹介している、日本から直行便のある町の大学に留学するなか、この町を選んだのはそこにすでに仲のいい友達が何人かいたこと、訪れた町の中で一番印象がよかったことが理由だった。はじめの３ヶ月はほとんど犬だった。人が話し掛けてきても、友達同士の会話を聞いていても結構分かるのだが、言いたいことは言えず黙ってうなずくだけ。でも、実はそれがすごく大事だったと思う。１年目が終わりかけた頃、もう１年残りたくなった。親に相当な無理を言って２年目をすごし、楽しい思い出、大変な思い出いろいろの夢のような２年間が終わった。夢

が過ぎると、残ったのは、ロシア化されますますもとの日本の現実世界に戻れなくなっている自分と、身につけたロシア語の自信、大学最後の年にとらなければいけない少ないとは言えない単位の数、そしてロシアと日本のいっこうに良くならない関係と経済不況だけだった。

大学を終え、ロシア語を使う仕事を探そうにも、ロシア語がすごくできたからといっても、絶対的に需要がないのが現実。時々バイトをしてはちょくちょくロシアの友達のもとを訪れたりしながら、ここまできてしまった。

そんなところにこの「指さし会話帳」。二つ返事で引き受けたものの、ロシア語独特の文法の決まりごとの山に大苦戦。それでも何とか編集の安藤さん、イラストレーターの北島さん、突然のネイティブチェックを引き受けてくれたユーリャ、助言をくれたミーチャ、カリーナ、ナターシャの力を借りて何とか一冊の本にできました。どうもありがとう！

そしてみなさんに一言。ロシアは必ずみなさんの世界を広げてくれます。違うものを受け入れる度量も大きくなるはずです。機会があればぜひ行って、自分の五感をフルに使って感じてきてください。ご成功と幸福を祈ります！

最後にロシア情報に関するリンクをいくつか。

在日ロシア大使館です。ビザ情報などを知ることができます。
http://www.embassy-avenue.jp/russia/index-j.htm

エレーナのロシア人パーティー[Russian Tokyo]のサイト。
こちらはロシア語を専門とする日本人も多いのでわりと気軽にいけます。
http://www.russiantokyo.com/

ミーシャのロシア人パーティー[Russian Club in Tokyo]ホームページ。
定期的に在京ロシア人が集います。ロシア人の雰囲気がよく分かります。
ロシア語が分からないとちょっと面白くないかもしれませんが。
http://tokyo.narod.ru/

モスクワの生活を楽しくするための情報紙「アフィーシャ」のサイト。
http://afisha.ru/　（露語のみ）

サンクト・ペテルブルクの様々な情報を広く細かくあつかったサイト「SP Walker」。
http://www.geocities.co.jp/SilkRoad-Forest/3390/

ロシアのアニメを中心に貴重なロシア文化の情報を発信する「ロシぴろ」のサイト。
http://www.rosianotomo.com/

予感が的中！　ワールドカップの予選で日本と同組に入ってしまいましたロシアです。両方決勝トーナメント進出してくれー！　2大会ぶりのサッカーワールドカップを控え、ロシアでもヒートアップしてきております。
http://cup2002.ru/　（露語のみ）

インカレ学生サークル「日本ロシア学生交流会」ホームページ。
http://www.geocities.co.jp/Berkeley/8239/

著者◎山岡新（やまおか・あらた）
1976年生。東京都中野区出身。帝京大学国際文化学科ロシア語コース卒。ノヴォシビルスク国立大学に2年間留学。音楽と映画とチョコレートと愛無しには生きてはいけない、芸術系どっぷりの人間。無類の議論好き。ロシアではお前は日本人じゃないと言われ続け、スペイン人のハーフじゃないのかとか、議論好きのフランスのほうがあってるぞ、などとも言われる。ロシアの次はそろそろ他のヨーロッパの国へ。ジプシーのように定住地が見つからないのか？ まあ、世界は広いんだから何も日本に閉じこもることもない。とはいえ未だにバイト暮し。そろそろなんとかせにゃ！と思いつつも、妥協だけはできない。やはりロシア語だけは捨てられない。まだまだこれから！

著者メールアドレス
　ararata@hotmail.com
　ararata@mail.ru

イラスト　北島志織
　　　　　http://siorikitajima.com
ブック　　佐伯通昭
デザイン　http://www.knickknack.jp
地図作成　ワーズアウト
企画協力　株式会社エビデンス

Special thanks to:
　　　Юлия Валента
　　　Дмитрий Ушаков
　　　Карина Сагоян

ここ以外のどこかへ！
旅の指さし会話帳㉖ロシア
2002年 3月 12日　第1刷
2019年 6月 3日　第26刷

著者
山岡　新

発行者
田村隆英

発行所
株式会社情報センター出版局
〒160-0004 東京都新宿区四谷2-1 四谷ビル
電話03-3358-0231
振替00140-4-46236　http://www.4jc.co.jp
　　　　　　　　　　 http://www.yubisashi.com

印刷
モリモト印刷株式会社

©2002 Arata Yamaoka
ISBN978-4-7958-1983-2
落丁本・乱丁本はお取替えいたします。

※「旅の指さし会話帳」及び「YUBISASHI」は、
　（株）情報センター出版局の登録商標です。
※「YUBISASHI」は国際商標登録済みです。

Разговорный русский язык
Первые шаги общения
содержание

Из аэропорта в отель (8)	(44) Домашний обед
Прогулка по городу (10)	(46) Кафе и Ресторан
Городские транспорты (12)	(48) Местные блюда и Спиртные напитки
Приветствие (14)	(50) Музыка и Балет
Обращение (16)	(52) Театр
Знакомство (18)	(54) Русская литература
Россия (20)	(56) Русская кинематография
Москва (22)	(58) Музей
Санкт-Петербург (24)	(60) Спорт
Другие города России (26)	(62) Дом и Квартира
Транссибирская Железнодорожная Магистраль (28)	(64) Семья и Отношение людей
Время (30)	(66) Характер
Даты (32)	(68) Организм и Болезнь
Времена года и погода (34)	(70) Проблемы
Цифры и Деньги (36)	(72) Вопросительные местоимения и Глаголы
Покупка (38)	(74) Прилагательные и Наречия
Одежда и Цвета (40)	(76) Поменяться координатами
Рынок (42)	